Educação e Direitos Humanos: percepções sobre a escola justa

Coordenador do Conselho Editorial de Educação
Marcos Cezar de Freitas

Conselho Editorial de Educação
José Cerchi Fusari
Marcos Antonio Lorieri
Marli André
Pedro Goergen
Terezinha Azerêdo Rios
Valdemar Sguissardi
Vitor Henrique Paro

FLÁVIA SCHILLING

Educação e Direitos Humanos: percepções sobre a escola justa

Resultados de uma pesquisa

Capa e projeto gráfico: aeroestúdio
Revisão: Ana Paula Ribeiro
Composição: aeroestúdio
Coordenação editorial: Danilo A. Q. Morales

Dados Internacionais de Catalogação na Publicação (CIP)
(Câmara Brasileira do Livro, SP, Brasil)

Schilling, Flávia
    Educação e direitos humanos : percepções sobre a escola justa :
resultados de uma pesquisa / Flávia Schilling. — São Paulo : Cortez, 2014.

    Bibliografia.
    ISBN 978-85-249-2185-8

    1. Direitos humanos 2. Educação – Brasil 3. Igualdade 4. Injustiça
5. Justiça 6. Violência nas escolas I. Título.

14-02351   CDD-306.43

Índices para catálogo sistemático:
1. Escola justa : Educação e direitos humanos :
        Sociologia da educação   306.43

Nenhuma parte desta obra pode ser reproduzida ou duplicada
sem autorização expressa da autora e do editor.

© by Autora

Direitos para esta edição
CORTEZ EDITORA
Rua Monte Alegre, 1074 – Perdizes
05014-001 – São Paulo – SP
Tel.: (11) 3864-0111 Fax: (11) 3864-4290
E-mail: cortez@cortezeditora.com.br
www.cortezeditora.com.br

Impresso no Brasil – maio de 2014

Agradecimentos

Às alunas e aos alunos de Sociologia da Educação II e Educação e Atualidade da Faculdade de Educação da USP, pelas contribuições, pela participação na primeira pesquisa exploratória, pelo entusiasmo pelo tema que gerou excelentes trabalhos de final de curso, explorando a pergunta: o que seria uma escola justa?

À Vivian Valentim de Souza e Gabriela Marko que realizaram Iniciações Científicas sobre o tema.

Ao Diretor Rinaldo Meroni, um diretor justo, que não apenas mostrou caminhos possíveis para uma escola justa como apoiou concretamente a pesquisa, com a distribuição de questionários e o envio de dados sobre a região.

Ao CNPq, pelo apoio recebido para a realização da pesquisa "Direitos humanos, justiça e violência: percepções sobre a escola justa" (2009-2012).

"Quem pretenderá ser justo poupando-se da angústia?"

(DERRIDA, 2007, p. 39)

Sumário

Apresentação 11

1. Primeiras reflexões: a base, o ponto de partida 15

    1.1. Uma escola justa em uma sociedade injusta? 17

    1.2. O que seria a escola justa: a contribuição de Dubet 19

    1.3. A justiça (na escola) como reconhecimento (da diferença) com redistribuição/igualdade (de saberes) e paridade de participação 23

    1.4. Ações possíveis: o incalculável do ofício de ensinar 27

2. Justiça: contornos de uma pesquisa teórica 31

    2.1. A justiça é o outro 39

    2.2. A justiça anormal: a justiça reflexiva 43

3. O debate, primeiros resultados e descobertas 53

4. Procurando percepções sobre a escola justa, encontramos percepções sobre a injustiça 69

4.1. Injustiça no mundo 78

4.1.1. Macrojustiça ou microjustiça? 78

4.1.2. Onde as injustiças acontecem? 81

4.1.3. Respeito/desrespeito ao princípio da igualdade 84

4.1.4. Quem sofre a injustiça? 87

4.2. Injustiça na escola 89

4.2.1. Quem sofreu a injustiça? 96

4.2.2. Algumas pesquisas sobre a injustiça na escola 98

4.3. E o mérito? Onde está? 102

4.4. Apontamentos para uma escola justa 112

4.4.1. Igualdade, igualdade de direitos, igualdade de deveres, igualdade de direitos e deveres 112

4.4.2. Respeito, reciprocidade 114

4.4.3. Mérito, valorização, qualidade do ensino 115

4.4.4. Diálogo, participação 115

5. Considerações finais 123

Referências 131

Anexos 147

Apresentação

Neste livro, apresentamos os resultados de uma pesquisa que procurou investigar as percepções de alunos e professores sobre o que seria uma escola justa.

Uma primeira constatação foi a de certa ausência de discussões sobre o justo/injusto, sobre a justiça e injustiça no ambiente escolar no Brasil. Porém, essa certa ausência não se encontra apenas no que se refere à educação escolar. Se há um tema central no Brasil, este é o da "Justiça": país em que há falta de justiça, forte injustiça social. Esse debate não se restringe à "Justiça" com sua clava forte, ao debate sobre o papel do Judiciário ou do Sistema de Justiça, permeia as relações cotidianas no ir e vir na cidade, nas relações de troca e consumo, nas possibilidades da cidadania. Grande tema, pouco tratado.

Em um segundo momento houve, como ponto de partida, a constatação do impasse e da circularidade que cerca o debate sobre a violência no cotidiano escolar.[1] Como lidar com os conflitos que aí acontecem, de forma, quem sabe, mais oblíqua, lidando de outra maneira

---

[1] Cabe destacar, como uma tentativa de escapar a essa circularidade, a publicação de Henning e Abbud (2010), *Violência, indisciplina e educação*. Nessa coletânea há uma tentativa de ampliação do escopo das análises, com estudos da área de Psicologia, História, Filosofia, Sociologia, Arquitetura, Artes, Direito. Nessa coletânea publiquei o texto *Violência na escola*: reflexões sobre justiça, igualdade e diferença (SCHILLING, 2010b).

com demandas por uma escola mais justa, pensando em práticas que podem nos permitir ocupar outro lugar?

Ricoeur (2008) discorre longamente sobre a justiça como fazendo parte do conjunto de alternativas que a sociedade opõe à violência. A justiça se opõe tanto à violência aberta e reconhecida como à violência dissimulada e sutil, assim como à violência da vingança (RICOEUR, 2008, p. 179).

O que seria, então, uma escola justa? É possível uma definição *a priori*? Seria aquela que trata de maneira integrada os direitos humanos em seu cotidiano? O que se compreende por "direitos humanos" nas escolas? Qual a relação entre direitos e justiça? Enfim, foi essa constatação de uma repetição e da existência de uma desarticulação entre temas, que talvez componham uma vizinhança frutífera, que sustentou o debate que levou a uma primeira pesquisa exploratória das percepções sobre a escola justa, na visão de seus protagonistas.

O trabalho de construção da pesquisa foi precedido por uma série de experiências e debates em sala de aula. A base inicial para estas experiências e trabalhos foi o texto de Dubet (2004) sobre a escola justa. A riqueza das atividades da sala de aula é ímpar: as(os) alunas(os) produziram textos, fizeram pequenas pesquisas, exploraram as várias dimensões da questão, expondo formas originais de ver o problema da escola justa. Como defini-la? É possível definir o que seria uma escola justa? O tema se revelou tão urgente e pertinente que foi formalizado como um projeto de pesquisa.

No projeto que teve como título "Direitos Humanos, justiça e violência: percepções sobre a escola justa",[2] tratou-se, então, de pesquisa que teve como objetivo geral articular a discussão sobre a redução/tratamento da violência no ambiente escolar com a temática dos di-

---

[2] Bolsa PQ2 do CNPq, 2009-2012.

reitos humanos, tendo como foco a construção de uma escola justa. Para tanto, propôs-se um estudo que sistematizasse os debates contemporâneos sobre o tema, com ênfase na tensão entre igualdade/diferença, como elemento-chave para a construção de uma ideia de justiça; realizou-se, também, um estudo sobre as pesquisas existentes a respeito de justiça, percepções de justiça/injustiça nos vários âmbitos da sociedade brasileira, com ênfase nas pesquisas que tratam esse tema no cotidiano escolar; desenvolveu-se uma pesquisa empírica sobre as percepções de alunas(os) da pedagogia da Feusp e outra com professores e alunos de uma escola da rede pública – ensino médio – da cidade de São Paulo sobre o que seria uma escola justa.

Michel Foucault (2010) nos auxiliou na organização da perspectiva metodológica do trabalho a partir de sua análise dos "focos de experiência" ou "matrizes da experiência", principalmente na primeira parte da pesquisa, em sua vertente das formas de um saber possível.

Os focos de experiência articulam, segundo o autor, uns sobre os outros, as formas de um saber possível, as matrizes normativas de comportamento para os indivíduos e os modos de existência virtuais para sujeitos possíveis (Foucault, 2010, p. 4). Daí a impossibilidade de separação das vertentes, assim como sua irredutibilidade, conforme as propostas de Derrida (2007) em sua análise específica sobre justiça e direito, apontando para a existência de relações simultaneamente heterogêneas, necessárias e irredutíveis: daí a possibilidade de analisar as vertentes da verdade, do poder e do sujeito como campos heterogêneos e interpenetrados, sobrepostos e em constante tensão e deslocamento uns em relação aos outros.

Essa perspectiva nos indica a possibilidade de um trabalho constante de interrogação e problematização e o uso de um conjunto de estratégias analíticas de descrição (Larrosa, 2002, p. 37), que tem como foco o presente, como neste se apresentam teorias e práticas, como são reconhecidas, modelam, são apropriadas e transformadas pelos sujeitos em seu cotidiano institucional.

Cabe assinalar a importância da inclusão das leituras de Derrida (2007, 2005), Ewald (1993), Fraser (2008), Ricoeur (2008), Heller (1998), Arendt (2004). Estas são leituras centrais no debate sobre justiça e o justo, que foram incluídas, direta ou indiretamente, nas análises. As discussões teóricas auxiliaram na análise das percepções captadas no trabalho de pesquisa empírico. Foi possível perceber como é forte a percepção da "injustiça", como aquilo que nos cerca e nos mobiliza. Quase como um pano de fundo para estas percepções, aparece com singeleza o que seria a escola justa.

Este é o desenho do trabalho que será apresentado a seguir.

1. Primeiras reflexões: a base, o ponto de partida

O tema? Violência nas escolas! A proposta? Talvez para sair da sensação de eterna repetição que, por momentos, nos invade em relação ao tema, tentaremos elaborar a relação entre violência e justiça (injustiça) e pensar, além dos diagnósticos necessários, mas, principalmente, muito além do pânico cotidiano que nos cerca, imaginar, talvez, uma escola sem violência, uma escola justa. Quem sabe? Talvez essa inversão possa ser útil, essa inversão de perspectiva que vai na contramão, no contrapelo, no arrepio, talvez possa ser útil. Este texto recupera um pouco da discussão que desenvolvi em meus cursos de graduação do curso de Pedagogia de 2006 e 2007, em torno da pergunta: o que é uma escola justa? A relação entre justiça e violência aparece explicitada na seguinte definição, que nos diz que "violento" é aquilo que é contrário ao direito e à justiça:

> Violência significa: 1) tudo o que age usando a força para ir contra a natureza de algum ser (é desnaturar); 2) todo ato de força contra a espontaneidade, a vontade e a liberdade de alguém (é coagir, constranger, torturar, brutalizar; 3) todo ato de violação da natureza de alguém ou de alguma coisa valorizada positivamente por uma sociedade (é violar); 4) todo ato de transgressão contra o que alguém ou uma sociedade define como justo e como um direito (CHAUI, 1999, p. 5).

Seria possível imaginar uma escola justa, que se realiza como um direito, e que, assim, se opõe à violência? É possível imaginar uma escola justa numa sociedade injusta? Em exercício de imaginação (de liberdade), as(os) alunas(os) consideraram, no primeiro dia do curso, que a escola justa seria aquela livre/democrática/inclusiva/pluralista/acolhedora/aberta aos questionamentos/que valoriza o professor/com papéis definidos/igualitária/flexível/com autonomia/pública/laica/sem preconceito/reflexiva/curiosa/utópica.

Porém, o que é justo, o que é justiça e qual é a relação entre esses termos e a educação? Como ocorre esta definição?

Para iniciar, cabe uma breve retomada sobre qual seria a relação entre escola/educação e violência. Para Adorno (1995)[1], a principal tarefa da educação seria a de construir um mundo que pudesse opor-se a novos Auschwitz, ou seja, caberia à educação a recusa da violência. Tal oposição, tal recusa implicaria em poder construir novas palavras para opor-se à banalidade do mal, ao terror. Mesmo que essas palavras sejam a da antipoesia, o do pensar-se contra si mesmo.[2] Seria, assim, tarefa da educação mobilizar-se a favor da justiça e da realização do(s) direito(s), para recusar a violência.

Em tempos difíceis para todos os que trabalham com educação, talvez o maior desafio seja o do debate sobre como unir a reflexão sobre os tempos contemporâneos, sobre a violência, com o conceito de cidadania democrática que pressupõe uma constituição de prováveis sujeitos éticos, livres, dotados de palavra, racionais e sensíveis, com direito a ter direitos. Esta utopia estará definitivamente comprometi-

---

[1] ADORNO, Theodor. A educação após Auschwitz. Disponível em: <http://www.educacaoonline.pro.br/index.php?option=com_content&view=article&id=179:educacao-apos-auschiwitz&catid=11:sociologia&Itemid=22>. Acesso em: 25 fev. 2012. p. 1-8.

[2] Ver Educação e crise, ou as vicissitudes do ensino, de Shoshana Felman (2000), artigo do livro *Catástrofe e representação*, de Nestrovski e Seligmann-Silva.

EDUCAÇÃO E DIREITOS HUMANOS

da? Como fazer para que o nosso cotidiano não seja povoado de lugares que emudeçam, e que, ao contrário, contemple as várias possibilidades de discursos, o debate, o dissenso e a fala sobre o que preocupa e o que nos acontece no espaço público e em público? Como trazer para a escola a temática dos direitos humanos, o que implica na política, na tensão entre igualdade e diferença, entre os vários grupos de direitos e deveres? O que seria, em suma, uma escola justa?

1.1. Uma escola justa em uma sociedade injusta?

Uma primeira questão a ser debatida: se a sociedade é desigual e injusta, é possível sequer imaginar uma escola igualitária e justa?

Seria possível imaginar que as funções da escola, de integração, distribuição e subjetivação, não reproduzissem cega e mecanicamente os preconceitos, a pobreza e a injustiça da sociedade em geral?

Indo além: o que acontece hoje com as escolas, vistas por muitos analistas como perdendo sua centralidade em relação a estas funções, vivendo, assim, como outras instituições centrais da modernidade, situações de crise? A escola, como meio de confinamento central (quando universalizada), que, ao definir e inventar um lugar – a infância e a adolescência –, com seus tempos específicos de preparação (aposta no futuro), de modelagem dos imaturos em um meio separado dos adultos, ao concentrar, distribuir no espaço, com sua ordenação específica do tempo, com sua forma tão peculiar, com suas disciplinas/disciplina, tão eficazes em alguns momentos históricos na produção dos homens e mulheres necessários para uma sociedade, estaria passando por crises de seus modelos, parecendo hesitante, perdendo funções.

Que lugar a escola pode ocupar, na sua tarefa de reprodução da sociedade (tal como é), quando esta sociedade parece revolucionar-se novamente, mudar seus regimes de controle social e de produção dos sujeitos? Pensamos com Deleuze (2006, p. 220):

> Não se deve perguntar qual é o regime mais duro, ou o mais tolerável, pois em cada um deles que se enfrentam as liberações e as sujeições. Por exemplo, na crise do hospital como meio de confinamento, a setorização, os hospitais-dia, o atendimento a domicílio puderam marcar de início novas liberdades, mas também passaram a integrar mecanismos de controle que rivalizam com os mais duros confinamentos. Não cabe temer ou esperar, mas buscar novas armas.

Para que os impasses dos debates atuais não nos paralisassem, resolvemos trabalhar com uma pergunta que consideramos chave: "há alguma coisa que pode ser feita agora?" (APPLE, 1989, p. 181). Esta pergunta nos permite pensar – não nos cabe temer ou esperar – e, assim, buscar novas armas. Perceber que estes momentos de crise também são aqueles em que há possibilidades de liberdade antes não percebidas. Retomamos, na discussão sobre o lugar da escola, com sua função de reprodução da sociedade, as possibilidades que esta tem de "produção", de "resistência". Se é verdade que o sistema educacional tende a reproduzir as desigualdades (e as injustiças) sociais, econômicas, culturais, esta reprodução nunca se faz sem conflitos e contradições.

> Mesmo quando a educação "funciona" para sustentar a manutenção de nosso presente modo de produção, as razões disso são altamente mediadas e sempre envolvem mais do que simples funcionalidade. Em grande parte, isso se deve ao fato de que não se pode ler a cultura e a política como se fossem imagens especulares que passivamente refletissem os interesses da classe dominante (APPLE, 1989, p. 181).

E mais:

> [...] se vemos a cultura e a política como locais de lutas, então o trabalho contra-hegemônico dentro dessas esferas torna-se muito importante. Se a forma e o conteúdo culturais e o estado (assim como a economia) são ine-

rentemente contraditórios, e se essas contradições são experienciadas na própria escola, por professores e alunos, então a gama de ações possíveis amplia-se consideravelmente. [...] Embora seja importante compreender que as escolas contribuem para reproduzir relações de gênero e as relações sociais de produção, elas também historicamente reproduzem, "por detrás de suas costas", formas específicas de resistência (APPLE, 1989, p. 182).

Se o registro teórico é outro, buscamos, com lucidez, exatamente o espaço de que precisávamos, que nos permite perceber, ao lado, junto, sob as determinações, a possibilidade da ação humana, da liberdade, da produção do novo. Pode-se, então, dizer, sem ingenuidade nem ufanismo, que sim, é possível que se produzam efeitos de igualdade, democracia, justiça em uma dada relação social, na sociedade que também é produtora e reprodutora das desigualdades e das injustiças. Sem esquecer, claro, que "não podemos perder de vista que o fator de igualdade essencial é antes de tudo a redução das próprias desigualdades. Nenhuma escola consegue, sozinha, produzir uma sociedade justa" (DUBET, 2004, p. 545).

1.2. O que seria a escola justa: a contribuição de Dubet

As(Os) alunas(os) se perguntavam: o que é justiça, o que é ser justo? Qual a relação entre democracia e justiça? Uma escola democrática é uma escola justa? Qual a relação entre justiça, diferenças, diversidade, desigualdade? A justiça pressupõe igualdade?

Dubet (2004), em seu artigo *O que é uma escola justa*, nos permitiu organizar um pouco os debates. Haveria, de forma irredutível, tensões entre algumas questões: igualdade, diferença. Paira, no debate, a ideia de que esta tensão – mesmo irredutível – seria mais bem resolvida em uma sociedade com democracia e numa escola onde se pudesse decidir coletivamente sobre como viveremos juntos naqueles dias, naquelas horas. Haveria, então, relação entre justiça e democracia, pois um governo democrático, na escola, auxiliaria no equacionamento da tensão entre igualdade e diferença. Dubet nos ajudou a entender que as respostas aos dilemas que cercam a ação justa e a busca por uma escola justa não são formuladas de uma vez para sempre, nem há uma solução perfeita, resultando de uma "combinação de escolhas e respostas necessariamente limitadas" (DUBET, 2004, p. 540).

Os dilemas são assim organizados, quando o autor elenca os termos do que faria uma escola ser justa:

1) ser puramente meritocrática, com uma competição escolar justa entre alunos social e individualmente desiguais?
2) compensar as desigualdades sociais, dando mais aos que têm menos, rompendo assim com o que seria uma rígida igualdade?
3) garantir a todos os alunos um mínimo de conhecimentos e competências?
4) preocupar-se principalmente com a integração de todos os alunos na sociedade e com a utilidade de sua formação?
5) tentar fazer com que as desigualdades escolares não reproduzam as desigualdades sociais?
6) permitir que cada um desenvolva seus talentos específicos, independentemente de seu desempenho escolar? (DUBET, 2004, p. 540).

Se todas estas formulações são importantes para a definição da escola justa, estas são internamente contraditórias: dilemas e mais dilemas... como agir? Cada uma das propostas acima listadas tem sua importância na ação da escola e tem seus limites.

O princípio meritocrático permitiria que, tendo como ponto de partida a igualdade de tratamento (dou o mesmo a todos, todos têm igualdade de oportunidades), cada qual se destacasse, a partir de seu esforço individual, e chegasse até onde fosse possível. Supõe a igualdade de acesso e, principalmente, a igualdade de oportunidades, ou seja, um ensino de qualidade para todos. Este princípio, no Brasil, é profundamente afetado pela desigualdade social. Mesmo sem considerar a heterogeneidade do sistema escolar, com sua rede privada e pública, pensando apenas nas escolas públicas, há uma enorme diferença entre as escolas: exatamente o princípio meritocrático faz com que os melhores professores possam escolher as melhores escolas, deixando para os professores com menor formação a difícil tarefa de ensinar em escolas menos valorizadas. Como resultado, temos escolas pobres para pobres, minando o princípio da igualdade de oportunidades. A escola, assim, trata pior os menos favorecidos.

> Quanto mais favorecido o meio do qual o aluno se origina, maior sua probabilidade de ser um bom aluno, quanto mais ele for um bom aluno, maior será sua possibilidade de aceder a uma educação melhor, mais diplomas ele obterá e mais ele será favorecido (DUBET, 2004, p. 543).

Além das diferenças entre as pessoas, o sistema meritocrático deixa de lado as diferenças entre os sexos e os grupos sociais, transformadas, pela ação da escola, em desigualdades escolares e, novamente, em desigualdades sociais, econômicas e culturais. Os "vencidos", neste sistema, serão vistos como os únicos responsáveis pelo seu fracasso (pois estiveram, teoricamente, claro, em um ambiente de igualdade de oportunidades e não souberam aproveitá-las).

Conhecemos muitos casos que ilustram esta produção: são aqueles que consideram que não "tem cabeça para aprender", que, em muitos casos, se colocam na posição daqueles que não ousarão sonhar na continuidade de seus estudos. Que, também, se socializarão paralelamente e contra a escola, lugar para eles identificado com o seu fracasso.

Dubet, porém, questiona sobre se devemos abandonar o critério meritocrático, baseado na igualdade. Propõe algumas correções para este princípio, que poderiam produzir efeitos de mais justiça: cuidar para que exista igualdade na oferta escolar, evitar trapacear (confirmar "destinos sociais"), cuidar para que todos os competidores conheçam as regras do jogo (o que não é óbvio, pois as regras escolares só são familiares para aqueles alunos que já provêm de famílias escolarizadas), garantir o acesso e combinar este princípio a outros, derivados de um olhar sobre as diferenças: "para obter mais justiça, seria preciso, portanto, que a escola levasse em conta as desigualdades reais e procurasse, em certa medida, compensá-las" (DUBET, 2004, p. 545).

Seria importante combinar o princípio da meritocracia com o da discriminação positiva, evitando, porém, a criação de guetos de cultura. Esta combinação da igualdade com políticas compensatórias derivadas da compreensão de que de fato não há uma igualdade de condições, se traduziria em atividades e ações como os estudos dirigidos, as atividades esportivas e culturais, a preocupação com a estabilidade e boa qualidade das equipes educacionais nos bairros mais pobres, a preparação específica para concursos e exames. Estas políticas compensatórias, porém, se conseguem maior igualdade de luta para aqueles setores identificados como em situação de desigualdade, geram novos conflitos com os quais a escola precisa lidar.

Outras alternativas, que proporiam que "a justiça do sistema escolar pode ser medida pelo modo como trata os mais fracos" (DUBET, 2004, p. 546), seriam aquelas que garantiriam a aquisição de um mínimo comum, a aquisição de competências elementares. Porém, como definir este mínimo? Haveria que combinar estes elementos com a preocupação, por parte da escola, com a utilidade de seus estudos, com a formação profissional de seus alunos.

São dilemas e possibilidades que permeiam a ação das escolas, mas que derivam de uma confiança primeira na existência de espaços de independência entre as esferas que fazem com que as escolas não reproduzam cegamente as desigualdades e injustiças sociais.

> A escola cria suas próprias desigualdades, a economia cria suas próprias desigualdades, a cultura cria suas desigualdades, a política cria suas desi-

gualdades... as desigualdades de cada um desses domínios podem e precisam ser combatidas. Mas há desigualdades e injustiças novas quando as desigualdades produzidas por uma esfera de justiça provocam automaticamente desigualdades em outra esfera (DUBET, 2004, p. 549).

Um sistema justo deveria assegurar certa independência entre estas esferas. Dubet sugere que esta independência pode existir e as ações justas – ou que tendem a não reproduzir mecanicamente a injustiça – deveriam comportar uma combinação das ações listadas: modelo meritocrático, discriminação positiva, acesso a bens escolares fundamentais, um mínimo escolar, utilidade dos diplomas, velar para que as desigualdades escolares não reproduzam as desigualdades sociais, tratar bem os "vencidos".

1.3. A justiça (na escola) como reconhecimento (da diferença) com redistribuição/igualdade (de saberes) e paridade de participação[3]

Estas tensões são amplamente trabalhadas por Nancy Fraser em artigo de 2007: *Reconhecimento sem ética?* Se Dubet nos permite compreender os termos em que se traduzem na educação escolar as tensões entre igualdade e diferença, Fraser propõe um modelo para superar – pelo menos como um guia teórico e metodológico de ação – os modelos dicotômicos usuais e encontrar uma possibilidade de pensar a justiça como reconhecimento (da diferença) e como distribuição/ redistribuição (igualdade). Retomaríamos, assim, com outra base teórica, os dilemas da escola que são permeados pela tensão irredutível

---

[3] Trecho do texto de Schilling (2010b), *Violência na escola:* reflexões sobre justiça, igualdade e diferença, capítulo do livro *Violência, indisciplina e educação*, organizado por Henning e Abbud.

entre igualdade e diferença e que, dependendo de como são tratados, podem auxiliar a pensar em uma escola justa, sem violência, ou agravam a situação de violência e injustiça.

Fraser (2007, p. 2) parte, em sua análise, da constatação do divórcio existente no debate teórico entre reconhecimento (da diferença) e redistribuição (a busca pela igualdade):

> Em alguns casos, além disso, a dissociação tornou-se uma polarização. Alguns proponentes da redistribuição entendem as reivindicações de reconhecimento das diferenças como uma "falsa consciência", um obstáculo ao alcance da justiça social. Inversamente, alguns proponentes do reconhecimento rejeitam as políticas redistributivas por fazerem parte de um materialismo fora de moda que não consegue articular nem desafiar as principais experiências de injustiça. Nesses casos, realmente estamos diante de uma escolha: redistribuição ou reconhecimento? Política de classe ou política de identidade? Multiculturalismo ou igualdade social?

Esta dicotomia é muito claramente reconhecida na polêmica sobre as ações afirmativas ou cotas para grupos específicos no ensino superior. O debate oscila entre a demanda por igualdade (com a melhoria geral da escola pública) e o reconhecimento da diferença (com a promoção de meios compensatórios imediatamente). Essa dicotomia também aparece na análise de Dubet (2004), quando invoca a meritocracia (que pressupõe uma igualdade de condições e oportunidades comuns) e a diferença/reconhecimento de que essa igualdade de condições e oportunidades não é uma realidade por meio de ações afirmativas.

Fraser (2007, p. 4), mudando a perspectiva analítica do reconhecimento para o de *status social*, como meio de introduzir o conceito de paridade social – igualdade de participação na vida social – infere a necessidade de políticas – justas – que visem superar a subordinação de algum grupo social: "as reivindicações por reconhecimento no modelo do *status* procuram tornar o sujeito subordinado um parceiro integral na vida social, capaz de interagir com os outros como um par".

A norma da paridade participativa invocada justificaria reivindicações por reconhecimento nas condições de um pluralismo valorativo que permitiria a busca por estima social sempre e quando essa busca seja em direção a uma maior paridade de todos os grupos envolvidos. Bauman (2003, p. 74) segue a mesma linha de análise quando critica a busca por reconhecimento independentemente da busca e da luta por redistribuição (de poder, de riqueza, de cultura e saber, ou seja, mais igualdade): "o reconhecimento do direito humano, o direito de lutar pelo reconhecimento, não é o mesmo que assinar um cheque em branco e não implica numa aceitação *a priori* do modo de vida cujo reconhecimento foi ou está para ser pleiteado".

Para dar conta desses dilemas, Fraser propõe uma concepção ampla de justiça que trata a distribuição e o reconhecimento como duas distintas perspectivas/dimensões. A partir do conceito de paridade de participação,

> De acordo com essa norma, a justiça requer arranjos sociais que permitam a todos os membros (adultos) da sociedade interagir uns com os outros como parceiros. Para que a paridade da participação seja possível, eu afirmo que, pelo menos, duas condições devem ser satisfeitas. Primeiro, a distribuição dos recursos materiais deve dar-se de modo que assegure a independência e a voz dos participantes. Essa eu denomino a condição objetiva da paridade participativa [...] ao contrário, a segunda condição requer que os padrões institucionalizados de valoração cultural expressem igual respeito a todos os participantes e assegurem igual oportunidade de alcançar estima social (FRASER, 2007, p. 118-119).

Agora, como distinguir aquelas reivindicações por reconhecimento justificadas das injustificadas, para não cair no risco, como alerta Bauman (2003, p. 74), de "assinar um cheque em branco", que nos faria cair em um relativismo absoluto? No caso, o que separaria uma reivindicação justificada de uma não justificada seria novamente a norma da paridade participativa, que não pode criar uma nova relação de subordinação.

Outro problema que se acrescenta a essa análise é o de que se todas as disparidades são sempre injustas ou se há a possibilidade de pensarmos em disparidades justas. Aqui voltamos às questões escolares levantadas por Dubet (2008b), em seu livro sobre a escola justa, quando trata da meritocracia. Caso estejam asseguradas as condições objetivas, a igualdade básica de oportunidades, as disparidades que emergem no exercício da vida escolar seriam disparidades justas. Seriam disparidades derivadas de talentos, esforço, dedicação. Porém, como assegurar essa igualdade? Novamente aqui voltamos à ideia da educação como um direito humano, que pode e deve assegurar que todos e todas (em sua diferença) tenham acesso irrestrito (igualdade) aos bens culturais e científicos produzidos pela humanidade.

A proposta de Nancy Fraser, que pode ser deslocada para o âmbito da discussão da educação escolar em seu desafio de vencer a violência, é a da paridade de participação, que nos leva ao conceito de democracia ampliada. É verdade que há diferenças naqueles que compõem aquele coletivo e elas não devem ser ignoradas. Porém, caminhar no sentido de uma ampliação da democracia, da paridade da participação pode auxiliar exatamente para detectar os conflitos que permeiam esse cotidiano e que, ao serem ignorados sistematicamente, criam e recriam a desigualdade e a injustiça social.

Estas são algumas considerações sobre as relações entre violência, justiça/injustiça e educação, que podem iniciar um debate sobre essa escola que queremos e podemos construir, que recuse a violência em seu cotidiano. Um caminho a ser trilhado é o da realização da educação como um direito, com suas faces de igualdade e diferença e de uma escola justa, que consiga agir nessa tensão.

1.4. Ações possíveis: o incalculável do ofício de ensinar[4]

Justiça é tratar com igualdade, mas não indiferença. É quando há igualdade de direitos e oportunidades. Quando há direitos respeitados, não apenas dos alunos, mas dos professores. Quando garante todos os direitos do ser humano. Uma escola justa pode ser aquela onde as coisas são decididas coletivamente (Alunas(os) de Sociologia II e Educação e Atualidade, 2007).

Além das discussões formalizadas, na tentativa de construir um marco teórico para como lidar com os dilemas postos pela possibilidade de práticas justas, todas(os) as(os) alunas(os) disseram que a escola justa se preocuparia/encontraria a possibilidade de lidar com os seguintes dilemas, estabelecer as seguintes relações, que envolveriam a todos:

a) acesso/permanência;

b) acesso ao conhecimento/qualidade;

c) que conheça seus alunos/respeitar o sujeito.

Cabe marcar que a terceira questão por eles levantada é básica para que se possa dar conta dos desafios concretos de práticas justas: que o professor conheça seus alunos! Os alunos: nossos grandes desconhecidos! Este é um resultado recorrente nas pesquisas com escolas com queixas de violência. Quem são estes jovens que não aderem à forma escolar, que nos questionam, que perguntam sobre a utilidade dos estudos, que nos desafiam no cotidiano pois não sabemos o que dizer quando perguntam: o que você quer que eu faça, pois as regras não são claras, parece que os "destinos sociais" já estão predeterminados, o esforço não vale, não há como ter interesse e paixão por uma atividade que parece burocrática, que me desqualifica? Estamos lá, quase todos, cinco dias por semana: o que preencherá nosso tempo?

---

[4] Faço menção aos textos de Estanislao Antelo (2001, 2004), citados nas Referências.

Como descobrir a alegria e o prazer e o desafio do conhecimento? Quem são eles?

Todas(os) também consideram importante, a partir deste conhecimento, aceitar o desafio das diferenças, se relacionando, trocando, mudando de lugar, permitindo que nos tornemos distintos daquilo que somos: equidade/ações afirmativas/pluralidade cultural/respeito à diversidade/valorização dos talentos individuais e de grupos/relacionar-se com grupos/participação/comunidade.

Mas isso é pouco, há um cotidiano que é preciso rever: rever a avaliação, progressão continuada/inclusão/diálogo/participação nas decisões/respeito aos professores/participação dos professores nas decisões/fortalecer a figura do professor em sua relação com a justiça (o professor justo)/discutindo as relações de poder da escola/com número de alunos reduzido/adequadas condições de trabalho/salários/com professores bem formados e remunerados.

Os professores são também os nossos grandes desconhecidos, exigidos por todos, criticados, em formação (permanente), com seus saberes permanentemente questionados. Nada acontecerá sem o seu fortalecimento, sua possibilidade de se construir como uma autoridade (por seu saber e sua experiência e sua capacidade de justiça). Para tanto, quem sabe isso se traduz em melhores condições de trabalho?

Porém a tentativa de imaginar efeitos de justiça, escolas mais justas, passa também pelo currículo, pelos saberes, pela paixão pelo conhecimento: currículo com parte diversificada/desvinculada da ideia de vestibular/que ofereça todas as possibilidades/fim das matérias "desvalorizadas"/com conexão com a realidade/um sonho coletivo (produtivo)/um projeto comum/que prepara para a vida pública/trabalha com o espírito crítico/que a diversidade sirva para a qualidade/que garante igualdade de direitos e oportunidades/cobra responsabilidades individuais e coletivas/com possibilidade de liberdade/

sem repressão, humilhação/segue os preceitos constitucionais/não reproduz as desigualdades sociais.

O centro: a paixão e o interesse. Utopia? Quem sabe? Talvez tenha sido útil este exercício de imaginar a contraposição entre violência & justiça, a possibilidade de banir a violência do cotidiano escolar pensando na escola justa.

2. Justiça: contornos de uma pesquisa teórica

Justiça?

É preciso ser justo com a justiça, e a primeira justiça a fazer-lhe é ouvi-la, tentar compreender de onde ela vem, o que ela quer de nós [...]; é preciso também saber que essa justiça se endereça sempre a singularidades, à singularidade do outro, apesar ou mesmo em razão de sua pretensão à universalidade (DERRIDA, 2007, p. 37).

Tratou-se, assim, de produzir uma vizinhança entre temáticas que, por momentos, apresentavam-se separadas, desarticuladas. Essa tentativa de articulação, mais reconhecida nas discussões sobre segurança pública e justiça (no sentido estrito), como, por exemplo, nas análises sobre as formas de punir contemporâneas,[1] é pouco tratada no âmbito da microjustiça escolar, e, especialmente, quando desvinculada de práticas formalizadas, como as da justiça restaurativa, círculo restaurativo, mediação.[2]

---

[1] Como, por exemplo, no livro organizado por Slakmon, Machado e Bottini (2006), *Novas direções na governança da justiça e da segurança*. Neste livro há uma multiplicidade de possibilidades de articulação entre justiça, governança, segurança, punição. Há uma forte ênfase nas formas alternativas de resolução de conflito como chave para a resolução dos impasses do judiciário.

[2] Esta foi uma questão explorada em uma dissertação de mestrado por mim orientada que analisou os documentos emitidos pela Secretaria Estadual de Educação de São Paulo (SEE/SP), Normas de Conduta e Sistema de Proteção Escolar (TIBÉRIO, 2011), intitulada *A judicialização das relações escolares: um estudo sobre a produção de professores*.

Tais temas, porém, sugeririam novas maneiras de inter-relação, não podendo ser discutidos de forma isolada ou separada. Bauman (1998, p. 82) levanta esta questão quando propõe discutir a justiça no marco da democracia e dos direitos humanos, tendo como seu horizonte a redução da violência:

> Não é preciso mencionar que o problema da justiça não pode ser sequer postulado a menos que já haja um regime democrático de tolerância que assegure, em sua constituição e na prática política, os direitos humanos – ou seja, o direito de conservar a própria identidade e singularidade, sem risco de perseguição.[3]

Porém, é preciso, antes de tudo, antes de avançar, pensar se é possível pensar uma escola "justa": o que seria? O que é justiça? É possível definir o "justo"? Trabalharei com algumas definições bastante correntes e me apoiarei em três autores para problematizar inicialmente os contornos da ideia de justo/justiça: Ewald (1993), Derrida (1994, 2007) e Fraser (2008).

Etimologicamente, o termo justiça (lat. *justitia,ae*) significaria "justiça, equidade; direito escrito, leis; justeza, exatidão (do peso); bondade, benignidade" (HOUAISS, 2002). Contudo, como posso saber a "exatidão do peso" quando decido? Quais serão os critérios que usarei, qual a medida de comparação? Trabalharei a partir do critério da igualdade ou da diferença, do mérito ou do esforço despendido? Dependerá da "bondade" do professor, do juiz?

Novamente a busca da palavra nos dicionários nos ajuda, ao mostrar algumas dimensões sobre o que seria "justiça":

---

[3] Cabe mencionar que é condição necessária, porém não suficiente, pois não promove, por si, a transformação da tolerância em solidariedade que comporta a responsabilidade em relação ao outro. (BAUMAN, 1998, p. 82).

EDUCAÇÃO E DIREITOS HUMANOS

1) Caráter, qualidade do que está em conformidade com o que é direito, com o que é justo; maneira pessoal de perceber, avaliar aquilo que é direito, que é justo;
2) Princípio moral em nome do qual o direito deve ser respeitado;
3) O reconhecimento do mérito de alguém ou de algo;
4) Conformidade dos fatos com o direito;
5) O poder de fazer justiça, de fazer valer o direito de cada um;
6) O exercício desse poder (HOUAISS, 2002).[4]

Como saber o que está em conformidade – na modernidade líquida? Reconhecer os princípios morais e o mérito e assim distribuir punições ou honrarias?[5]

Não haverá, em momento algum, a pretensão de trabalhar com a justiça ou o justo como um universal abstrato. Seguindo Ewald (1993, p. 60), inspirado no trabalho de Michel Foucault, a partir da suspensão desse universal, o que há são práticas. Práticas de justiça, por momentos práticas jurídicas, sempre particulares, concretas, localizadas, em uma relação complexa em regimes de saber e de poder produzindo efeitos.

Trata-se menos de lutar por uma justiça mais justa contra as injustiças da justiça [...] que de luta contra a justiça como peça de uma economia do poder, com os saberes a ela contíguos e as refinadas tecnologias políticas que lhes servem de suporte (EWALD, 1993, p. 14).

Ewald (1993, p. 130), seguindo Aristóteles, retoma a questão de que a justiça designa um problema que se caracteriza pelo fato de,

---

[4] No dicionário Michaelis, vemos: *sf* (*lat justitia*) 1. Virtude que consiste em dar ou deixar a cada um o que por direito lhe pertence. 2. Conformidade com o direito. 3. Direito, razão fundada nas leis. 4. Jurisdição, alçada. 5. Tribunais, magistrados e todas as pessoas encarregadas de aplicar as leis. 6. Autoridade judicial. 7. Ação de reconhecer os direitos de alguém a alguma coisa, de atender às suas reclamações, às suas queixas etc. 8. Poder de decidir sobre os direitos de cada um, de premiar e de punir. 9. Exercício desse poder (WISZFLOG, 2007).

[5] Cito o capítulo *A moralidade começa em casa; ou o íngreme caminho para a justiça*, em que Bauman trabalha com Levinas, Rorty, referências nesta discussão sobre a justiça, autores que reaparecem com muita força nos textos trabalhados de Derrida e Fraser (BAUMAN, 1998, p. 62-90).

apesar de não ter solução teórica possível (o justo não pode ser definido a priori), ter sempre solução prática. Mais do que ter solução "prática", porém, são-nos exigidas respostas constantes que envolvem – sempre – conflitos. Há uma relação peculiar entre teoria e prática com a justiça, pois esta designa uma prática de avaliação, de comparações a partir de uma medida comum, pressupondo uma noção de igualdade, sendo específica a determinado lugar e tempo histórico, envolvendo sempre dilemas sem solução definitiva.

Na tentativa de delimitar o campo em que se encontram essas práticas, alguns elementos servem como referência:

a) trata-se de uma virtude, no caso de referir-se a um plano individual;

b) trata-se de um estado das coisas, de certa configuração da sociedade: implica uma ordem social e política, na lei da cidade. Nesse caso, a justiça será legal;

c) trata-se de certo tipo de distribuição: "atribuir-se a cada um o que é seu" (honrarias, bens), referindo-se, assim, à justiça particular (EWALD, 1993, p. 132-133).

Ewald recupera os três componentes arqueológicos do conceito de justiça (sempre segundo Aristóteles).

O primeiro componente é o da igualdade: a justiça reside essencialmente numa relação de igualdade (seres da mesma categoria serão tratados da mesma maneira). Essa igualdade pode corresponder a uma proporção geométrica ou a uma proporção aritmética:

> A justiça não se encontra ligada a um tipo determinado de igualdade, o que quer dizer que uma relação de justiça não é uma maneira de impor uma igualdade (de direito) em que a realidade é feita de desigualdades, mas sim que ela nunca é mais do que uma maneira de articular igualdade e desigualdade, sem que uma tenha que se sacrificar à outra (EWALD, 1993, p. 133).

Haveria, assim, a necessidade de uma avaliação constante, de um juízo, pois implica em uma maneira de estabelecer uma equivalência entre coisas necessariamente desiguais, distintas e diferentes: de combinar, portanto, igualdade e desigualdade (EWALD, 1993, p. 133). Esse seria o dilema central da justiça social.[6]

O segundo componente da justiça é o do estabelecimento da medida comum: como supõe a resolução do problema da comparação das coisas mais díspares, haveria a necessidade de se estabelecer uma medida comum, um mínimo comum, um padrão de dignidade. Não há justiça sem medida, sem uma regra que torne as coisas comparáveis e permita pensar a igualdade entre elas. Aqui está colocado o dilema do equivalente geral.

O terceiro componente implica a reciprocidade, a solidariedade. Implica no estabelecimento de uma convenção, pois a regra de justiça é o que torna possível a troca e confere aos homens sua identidade recíproca, por conta de ocuparem um lugar na ordem (EWALD, 1993, p. 134-135). Quem sou eu e quem é o outro? Qual é o lugar que ocupo e qual é o lugar que o outro ocupa? Aqui estão os dilemas da justiça distributiva, obviamente ligados à questão da igualdade e do estabelecimento de uma medida comum, assim como as questões em torno das lutas por reconhecimento.

Cada um desses componentes é, sem dúvida, objeto de conflito, sem ser possível determiná-los (pelo menos totalmente) *a priori*. É possível ter um acordo sobre a medida em comum (por exemplo, do

---

[6] Bauman (1998, p. 75) comenta: "ao contrário dos desastres naturais que podem ser universalmente reconhecidos como prejudiciais e indesejáveis, uma vez que golpeiam a esmo e não prestam atenção a privilégios conquistados ou herdados, a justiça é um ponto notoriamente contencioso [...]. Pode-se sensatamente esperar que, numa sociedade dividida e, acima de tudo, numa sociedade moderna que é – simultaneamente! – acentuadamente desigual e devotada à promoção da igualdade como um valor supremo, a essência da justiça permanecerá eternamente um objeto de controvérsia."

mínimo necessário para viver com dignidade), porém, essa medida será sempre objeto de controvérsia e mudança. Uma grande questão é: quem determina o que me cabe? Quem determina o que cabe ao outro? Além do "quem" determina, há a questão de a "quem" a justiça se dirige. Junto a isso, coloca-se o embate em torno do "quê" deverá ser distribuído ou reconhecido. Fraser (2008) trabalhará essas questões, além do "como" proceder, como realizar a justiça. Esta é uma precaução necessária, pois o problema da justiça também se encontra na determinação de um "bem", ao contrário do que afirma Ewald (1993, p. 137):

> O problema da justiça, portanto, não se encontra na determinação de um bem, mas na conquista dessa objetividade do juízo de si sobre si próprio (e sobre os outros) que é o verdadeiro bem político. A justiça depende assim da problemática do juízo. A objetividade é a condição da justiça do juízo, da existência de um juízo justo, de um direito, portanto, de uma prática de juízo cuja coerção não será apenas suportada, mas reivindicada enquanto possibilitadora de uma vida coletiva pacífica.

A determinação da igualdade, da medida comum e da reciprocidade apoia-se em um determinado conhecimento, em uma determinada possibilidade de dizer, em uma "veridição" (EWALD, 1993, p. 137). Novamente: quem estará autorizado a dizer sobre meu lugar nesta distribuição? Abre-se, assim, a verificação das relações de poder que constroem e são construídas em torno da verdade sobre esse lugar, nesse tempo, nessa sociedade.

Ewald analisa três configurações epistemológicas das práticas de justiça, três figuras da justiça: o direito natural clássico, o direito natural moderno com suas noções de reciprocidade, igualdade e direito e o direito social.

Analisará com detalhes as questões da justiça social, derivadas do direito social:

EDUCAÇÃO E DIREITOS HUMANOS

[...] o problema da justiça social é saber se existe uma regra acerca da qual se concorde, e que permita a cada um comparar-se com os outros e avaliar o preço da solidariedade. E isso, não em vista de um consentimento definitivo, mas de uma reivindicação perpétua (Ewald, 1993, p. 150).

Discutirá que essa regra, em torno da qual se estabelece uma concordância, é a norma. A justiça social é a justiça da norma.

Nas sociedades de solidariedade, no quadro do Estado-Providência, a norma desempenha o papel de medida comum que anteriormente tinham podido desempenhar, por um lado, a noção de bem comum e, por outro, o princípio de igualdade (Ewald, 1993, p. 150-151).

Ater-se à norma seria ser justo, pois esta designa uma maneira de pensar a igualdade, de compor relações de igualdade e desigualdade, em torno de ideias de equilíbrio e média. Porém, o que isso significa quando nos apoiamos em algo que é, por definição, móvel?

A norma tem uma estrutura epistemológica diferente. Multiplica as desigualdades, fá-las aflorar [...] assinala as distâncias. [...] correlativamente, a igualdade, à qual a norma reenvia, não corresponde a nada no real: não existe mais homem médio do que existiria homem normal. A norma é um puro instrumento de comparação, uma craveira de que a sociedade se dota para seguir as suas próprias transformações e que, é esse o ponto, se transforma com as transformações que descreve (Ewald, 1993, p. 151).

Tarefa sem fim, campo de luta. Daí a constante reivindicação de igualdade, de tentativa de escape da sujeição, próprias da atualidade:

Aristóteles, julgando naturais as desigualdades, procurava uma regra que as respeitasse. A norma obedece a um jogo mais complexo: assinala as desigualdades, mas com a ideia de que elas não são naturais, que nunca são dadas, mas sempre adquiridas, de algum modo o efeito de processos normativos anteriores [...]; trata-se de mobilizar as desigualdades para as combater. Com o fim de instaurar a igualdade? Não, se se entender por igualdade, uma igualdade de fato, conceito contraditório numa ordem normativa que, por princípio, desigualiza; sim, se se trata de reduzir as desigualdades julgadas "anormais", isto é, que excedem certos limites ou certos limiares, eles próprios variáveis (EWALD, 1993, p. 152).

Cabe assinalar que as lutas acontecem cada vez que se "desigualiza", que se detectam desigualdades "anormais": o que seria tolerado como normal ou anormal no campo da justiça e da justiça social? Cabe, também, lembrar que um dos componentes da justiça implica no reconhecimento do lugar que cada um ocupa, que o outro ocupa, pois há uma reivindicação de honrarias ou punições. A norma funcionaria como uma medida comum para que cada indivíduo reconheça o seu lugar e o seu valor. Mas essa norma nada tem de natural, é feita a partir de uma medida que muda sem cessar. Qual é o meu lugar? O que me cabe? Quem diz qual é o meu lugar e o que me cabe?[7]

Esta pequena introdução nos servirá como parâmetro para a compreensão da justiça e do justo como práticas concretas, com componentes determinados, sujeitas às lutas sociais. Poderá ser útil para guiar nosso olhar sobre os resultados da pesquisa que inquiriu sobre o justo/o injusto.

---

[7] Ewald (1993, p. 154) sugere um quadro para visualizar as mudanças da noção de justiça no decorrer do tempo:

	DIREITO NATURAL CLÁSSICO	DIREITO NATURAL MODERNO	DIREITO SOCIAL
Epistemologia	Ontologia	Física	Sociologia
Medida comum	Bem comum	O direito como forma de reciprocidade	Norma
Igualdade	Proporção geométrica	Igualdade dos direitos	Misto de igualdade geométrica e aritmética
Jurisdição	Direito prudencial	Cisão do fato e do direito	Reconciliação do fato e do direito numa jurisdição de tipo sociológico

2.1. A justiça é o outro

Impossível não apresentar algumas reflexões colhidas da obra de Derrida (1994, 2007). Estas servirão para problematizar ainda mais as propostas iniciais e introdutórias que apresentamos a partir de Ewald (1993). Derrida (2007, p. 17) reforça a ideia de que só é possível tratar a "justiça" de forma oblíqua, ou seja, não se poderia falar diretamente da justiça, tematizar ou objetivar a justiça, dizer "isto é justo" ou "eu sou justo". Não é possível tratá-la como um universal abstrato e como uma essência, algo dado. Chama a nossa atenção para a complexa relação entre justiça, força, violência, autoridade, direito e leis. Novamente: quem diz o que me cabe, o meu valor? De onde retiro a legitimidade, o poder, a força para julgar o que é justo?

Torna ainda mais tensa a problemática já assinalada de quem diz – a um outro – qual é o lugar que lhe cabe, quais serão as punições ou honrarias que receberá. Quem é esse outro que o jogo da norma determinou ser "anormal", ou aquele que, encaixado na média, pretende seu lugar ao sol? Qual será o seu valor? Quem diz? Qual é a legitimidade, o alcance, o poder desse regime de veridição?

Uma ideia central, em sua obra, é que o justo é levar em conta o peso do outro, é o outro.[8] Logo no início do livro *Força de lei*, ao justificar por que fala em uma língua que não é a dele, que é a dos ouvintes da palestra, diz:

> Devo falar numa língua que não é a minha porque será mais justo, num outro sentido da palavra "justo", no sentido da justiça, um sentido que diremos, sem refletir demasiadamente por enquanto, jurídico-ético-político: é

---

[8] Segue Emmanuel Levinas (1997), assim como outros autores.

mais justo falar a língua da maioria, sobretudo quando, por hospitalidade, esta dá a palavra ao estrangeiro (Derrida, 2007, p. 6).[9]

Chama de "justiça" o peso do outro que dita a minha lei, me faz responsável, me faz responder, me obriga a lhe falar. Diz: "é sempre o diálogo com o outro, o respeito a sua singularidade e alteridade o que me impele a tentar ser justo com o outro, ou comigo mesmo enquanto outro" (Derrida, 1994, p. 1). Para tanto, o trabalho da tradução se faz inevitável: seria um acontecimento, pois implicaria no abandono de toda tentativa de uma homogeneidade, pois a tradução (sempre precária) buscaria um acordo e manteria o encontro das singularidades em sua irredutibilidade.[10] Assim, justiça poderia ser também pensada, a partir de Derrida (2007, p. 30), como uma experiência do impossível:

> O direito não é a justiça. O direito é um elemento do cálculo, é justo que haja um direito, mas a justiça é incalculável, ela exige que se calcule o incalculável; e as experiências aporéticas são experiências tão improváveis quanto necessárias da justiça, isto é, momentos em que a decisão entre o justo e o injusto nunca é garantida por uma regra.

Haveria, por conta desse outro que é a justiça, uma irredutibilidade da justiça a qualquer representação jurídica ou moral. A justiça ou o agir justo não se contentaria com uma regra justa, assim como nada garantiria um agir justo seguindo as regras do direito: a questão da justiça e do justo exige uma invenção, a cada vez, de como lidar com

---

[9] Impossível não lembrar Michel Foucault (2004, p. 2), comentando sua dificuldade com a língua, quando vivia na Suécia: "eu via as palavras que queria dizer sendo travestidas, simplificadas, tornando-se pequenas marionetes irrisórias à minha frente, assim que as pronunciava. Nessa impossibilidade de usar minha língua própria, percebi, em primeiro lugar, que esta possuía uma espessura, uma consistência, que ela não era simplesmente como o ar que respiramos".

[10] Cito especificamente o trabalho de Peter Sloterdijk (2009), *Derrida, um egípcio*, que brinca com essa estrangeiridade, essa (im)possibilidade da tradução.

EDUCAÇÃO E DIREITOS HUMANOS

a distribuição, a adequação e a proporção. Haveria, assim, um "indecidível" a cada momento, que oscila entre a singularidade e unicidade e o respeito ao direito universal e à equidade. Essa lembrança da "indecidibilidade" seria a garantia de uma busca por justiça, com esta sendo vista como algo interior à justiça. Se há, portanto, um excesso da justiça em relação ao direito, isso não quer dizer que possam existir de forma separada: são heterogêneos e indissociáveis.

> Como conciliar o ato de justiça, que sempre deve concernir a uma singularidade, indivíduos, grupos, existências insubstituíveis, o outro ou eu como outro, numa situação única, com a regra, a norma, o valor ou o imperativo de justiça, que tem necessariamente uma forma geral, mesmo que essa generalidade prescreva uma aplicação que é, cada vez, singular? (DERRIDA, 2007, p. 31).

Fazer justiça implicaria assim endereçar-se a outro em sua língua, o que sugere uma impossibilidade por sua irredutível singularidade: seria uma possibilidade que haveria que inventar. Sugere um duplo movimento para lidar com isso que nos interpela sem cessar, que nos obriga a agir: isso é justo? O primeiro movimento implicaria em uma responsabilidade sem limites diante da memória. Lembrar a história e os limites do conceito de justiça, lei, direito, norma, valores e prescrições, "ouvi-la" (DERRIDA, 2007, p. 37). Nesse movimento haverá uma percepção de uma exigência de mais justiça, de um compromisso com mais justiça.

O segundo movimento trata da responsabilidade diante do próprio conceito de responsabilidade: responsabilidade que regula a justiça e a justeza de nossos comportamentos, de nossas decisões teóricas, práticas, ético-políticas (DERRIDA, 2007, p. 38). Pautadas em uma tensão entre liberdade e responsabilidade, se emoldurada por regras e leis, necessariamente, não se restringe a uma aplicação das regras e das leis.

> Em suma, para que a decisão seja justa e responsável, é preciso que, em seu momento próprio, se houver um, ela seja ao mesmo tempo regrada e sem regras, conservadora da lei e suficientemente destruidora ou suspensiva da lei para dever reinventá-la em cada caso, re-justificá-la, reinventá-la pelo menos na reafirmação e na confirmação nova e livre de seu princípio (Derrida, 2007, p. 44).

Por fim, nesse breve apanhado, Derrida nos convoca a pensar a urgência da justiça: ela é o que não espera. Uma decisão justa é sempre requerida imediatamente, agora. Daí o instante da decisão (tendo em vista a "indecidibilidade" característica da justiça que, cercada de regras vai sempre além, em todo caso, restaurando-a ou reinstituindo-a) ser um momento de loucura, talvez da angústia citada na abertura deste tópico. Conceito que transborda, para Derrida; talvez ela permaneça um porvir. "A justiça, como experiência da alteridade absoluta, é inapresentável, mas é a chance do acontecimento e a condição da história" (Derrida, 2007, p. 56).

Creio que é possível, com estes auxílios, emoldurar as discussões das práticas de justiça, do justo. Há lutas em torno do "quê" da justiça, o que será distribuído ou será reconhecido. Esta questão, que é candente, parece apoiar-se em outra, na de "quem" é o alvo da justiça, quem entra nessa distribuição, nesse reconhecimento, no marco da globalização.[11] As lutas pelo "quem" (quem determina "quem é titular de direitos e de justiça"?) são inseparáveis do "como" da justiça (Fraser, 2008).

---

[11] Fraser analisa o debate em torno do "quem" da justiça, acontecendo entre nacionalistas liberais, internacionalistas igualitários e cosmopolitas. Chama a atenção para o fato de quem determinaria o "quem" da justiça seriam as ciências sociais (Fraser, 2008, p. 72). Cabe lembrar o papel da norma, a determinação, a partir dos grupos, dos desvios, das anomalias, fortemente apoiada no discurso estatístico e das ciências sociais.

2.2. A justiça anormal: a justiça reflexiva

Temos que o justo/a justiça é aquilo que é impossível; ao mesmo tempo, é aquilo que é urgente, que tem sempre solução prática. Supõe a igualdade e a irredutível singularidade. Supõe um excesso, um transbordamento da regra, mesmo necessariamente de olho na regra.

Como operar a busca de uma escola justa nesse marco? Sem a pretensão de uma resposta pronta, avançamos um pouco mais na construção do contorno desse debate.

Fraser (2008) nos auxilia, encarando a angústia que convive com a iniludível questão da justiça. Quais são as formas possíveis de praticar a justiça na era da globalização? Quando há o rompimento dos antigos marcos, aqueles que emolduram uma justiça "normal", Estado, território e nação?

No marco da justiça normal, há um destinatário, o cidadão nacional. Se julgar é deslindar para pôr fim à incerteza (RICOEUR, 2008, p. 175), como julgar na sociedade da incerteza? Nesse marco, há aquele que julga, que tem essa legitimidade. Há técnicas, meios que garantiriam o julgamento justo. Ricoeur já descreve, porém, o que chama um "mas", um intervalo, uma pausa, característica da justiça e da busca do justo. Se o justo se situa entre o legal e o bom, se produzindo de acordo com as leis escritas, com a presença de um âmbito institucional bem definido na forma de tribunais e cortes de justiça, na atuação de pessoas qualificadas, encarregadas de julgar, com uma ação bem definida em termos de processo, seu âmago é a-partar, se-parar. Para conseguir esse feito, diz, é preciso ir ao âmago do conflito, que existe por trás do processo, do litígio, da pendência. Para ele, como pano de fundo do conflito, está a violência:

O lugar da justiça encontra-se assim marcado em negativo, como que fazendo parte do conjunto das alternativas que uma sociedade opõe à violência, alternativas que, ao mesmo tempo, definem um Estado de direito (RICOEUR, 2008, p. 179).

Opor-se à violência é o que mostra o caráter de urgência da justiça. No movimento do julgar, se aparta cada parte, separo minha parte da sua e isso permitiria que cada um pudesse tomar parte na sociedade.[12] Porém, como conseguir isso hoje, quando as demandas se somam e se sobrepõem, quando não é claro o quê, o quem, o como da justiça?

Fraser trabalhará com as noções de mapa e balança, para tentar equacionar quais as escalas de justiça que nos garantiriam em relação a uma justiça justa. Trabalhando com os conceitos de redistribuição, reconhecimento e participação, enfrenta os dilemas colocados em relação a essas questões na sociedade *pós-westfaliana*. Proporá pensar esses dilemas no marco da justiça anormal, pois não haveria mais concordância entre o que será objeto de disputa, quem (quais os atores) tem (têm) direito nessa disputa, quais as instituições que deverão garantir a justiça, no como se fará justiça.

É importante assinalar já, na sua análise da justiça anormal,[13] que esta comporta um lado positivo e um negativo. Essa questão é, para nós, muito importante, para não cairmos na tentação conservadora de, rapidamente, frente aos dilemas da sociedade atual, do presente que não cessa de mudar e deslizar, inventar um novo

---

[12] Aqui, Ricoeur segue basicamente Rawls, com a visão da sociedade como um processo distributivo. Assim, a ênfase estaria na virtude das instituições que visam à promoção do bem daqueles que nela tomam parte, garantindo liberdades iguais da cidadania (igualdade) e respeito pela diferença de autoridade e responsabilidade, mesmo que isso implique em desigualdade (RICOEUR, 2008, p. 76).

[13] Heller (1998) discute o conceito de justiça dinâmica. Partindo da regra máxima da justiça, a de que todas as normas e regras se aplicam a todos os membros do grupo, a justiça dinâmica seria aquela em que as regras e normas existentes são testadas, questionadas e invalidadas e, em que outras, por sua vez, são validadas. A justiça anormal, no sentido de Fraser, é mais radical, há ontologias que se opõem, os pressupostos constitutivos do debate estão em questão.

EDUCAÇÃO E DIREITOS HUMANOS 45

marco fixo, ou retornar a alguma questão anteriormente dada.[14] Assim como vários outros autores propõem, nos tempos atuais que incluem a justiça anormal, há uma expansão bem-vinda do campo de impugnação anteriormente dado, há uma oportunidade de se opor às gramáticas anteriores que limitavam a possibilidade da justiça. Essa expansão da possibilidade de se pensar em outras formas de justiça dá-se tanto no plano do "quê" será objeto de disputas (em termos de redistribuição, de reconhecimento ou de participação) como no plano do "quem" poderá formular novos pleitos e no "como" estas serão resolvidas.[15]

> Se assumimos, como penso que devemos fazer, que o reconhecimento falho, a representação falha e a ausência de marcos pertencem em princípio ao catálogo das autênticas injustiças, a desestabilização de uma gramática que as escondia deve situar-se entre as evoluções positivas. Este é, assim, o lado bom da justiça anormal: maiores possibilidades de rejeitar a injustiça. (FRASER, 2008, p. 112).[16]

O lado negativo dessa situação de justiça anormal (daí a importância de propor a justiça reflexiva) é que o fato de as lutas estarem acontecendo não significa que exista a possibilidade de derrota da injustiça. Os meios para responder, reparar, estariam também em questão: não haveria, quem sabe, os meios necessários.

---

[14] Explicitamente homenageia e segue a análise de Richard Rorty sobre discurso normal/discurso anormal. Segue também Thomas Kuhn, com sua ideia de ciência normal: um discurso ou uma ciência é normal quando as discordâncias ou a desobediência sobre seus pressupostos constitutivos permanecem sob controle. O que não é o caso na justiça, discurso ou ciência anormal.

[15] Cabe lembrar Derrida (2005, p. 66): "O direito mesmo, e a justiça, apenas progrediu trilhando o caminho das questões intoleráveis e 'intoleradas'. Inconfessáveis".

[16] Texto original: "Si asumimos, como pienso que debemos hacerlo, que el reconocimiento fallido, la representación fallida y el des-enmarque pertenecen en principio al catálogo de las auténticas injusticias, la desestabilización de una gramática que las encubría debe situarse entre las evoluciones positivas. Este es, pues, el lado bueno de la justicia anormal: mayores posibilidades de rechazar la injusticia." (FRASER, 2008, p. 112).

O "quê" da justiça: está em questão o objeto da justiça. Este objeto se desdobra em três dimensões, sendo a primeira a dimensão econômica, comportando as lutas por redistribuição. A injustiça dessa dimensão está na desigualdade econômica, na má distribuição da renda. Internamente a essa dimensão econômica há uma luta constante, pois não há consenso sobre o que deverá ser distribuído, como, qual o alcance, quem deverá ser contemplado. Exemplos abundam: políticas focalizadas de redução da pobreza ou políticas universais de renda mínima? O que compõe o "mínimo" necessário para uma vida digna? Quais os níveis de impostos aceitáveis, quem paga, deve ser o imposto direto ou indireto, qual a destinação dos impostos arrecadados?

A segunda dimensão que compõe o objeto da justiça é de ordem "cultural" (o que não significa que se encontre imbricada à dimensão econômica, sem se esgotar nessa ordem), ligada ao *status* de determinado grupo em uma sociedade: são as lutas por reconhecimento ou contra uma determinada hierarquia de *status*. Essa dimensão, que envolve as lutas por reconhecimento, também é móvel, complexa, apoiando-se em demandas por mais justiça social, por uma nova distribuição de poder.

A terceira dimensão, que transparece nas lutas sobre qual deveria ser o objeto de atenção da justiça, é de ordem política, implicando na luta por superação de déficits de representação, falta de participação política. Novamente, essa dimensão é inseparável das demais, tem uma imbricação com a distribuição de bens, com a distribuição de possibilidades de reconhecimento de igualdade de *status*.[17] (FRASER, 2008, p. 114).

Quando a justiça é anormal, há disputas em torno de qual dimensão do objeto da justiça deverá prevalecer. Não há concordância sobre

---

[17] Cabe comentar que Fraser situa Honneth (2003) como um representante da vertente que coloca como eixo central nas lutas sociais a falência do reconhecimento e Dworkin (2010) como representante da posição que coloca a má distribuição de recursos como central nas lutas sociais.

EDUCAÇÃO E DIREITOS HUMANOS

se a ênfase estará na redução da injustiça distributiva, na luta por reconhecimento, no déficit de representação. Dependendo do caso, do lugar, de quem está envolvido, haverá uma dissonância na leitura de qual a injustiça deve ser sanada, com uma prática talvez levando a novas formas de injustiça.

Para operar nesse campo, Fraser (2008, p. 113) propõe pensar uma teoria da justiça que, em relação a essa questão, leve em consideração "uma ontologia social multidimensional e um monismo normativo". Isso significaria

> Aceitar como bem formuladas e inteligíveis em princípio demandas fundadas em, pelo menos, três diferentes percepções do "que" da justiça, ou seja, redistribuição, reconhecimento e representação. Aceitando provisoriamente uma perspectiva da justiça, centrada na economia, na cultura e na política, a teoria deveria permanecer, apesar disso, aberta ao aparecimento de outras dimensões conquistadas com a luta social (FRASER, 2008, p. 117).[18]

Porém, qual será a medida comum que permitirá que, com a urgência requerida pelas demandas de justiça, encontremos as respostas? Propõe como princípio normativo geral a paridade da participação. A justiça requer que todos participem como pares na vida social. Assim, superar a injustiça significaria eliminar todos os entraves a essa participação, sejam eles econômicos, culturais, políticos. A ideia central é a da igualdade de todos na possibilidade da determinação dos rumos da sociedade, sem a construção de novas relações de subordinação. Esse seria o limite claro para a ação. Com essa dupla

---

[18] Texto original: "Aceptar como bien formuladas e inteligibles en principio reclamaciones fundadas en, por lo menos, las tres distintas percepciones del "qué" de la justicia, a saber: redistribución, reconocimiento y representación. Aceptando provisionalmente una perspectiva de la justicia, centrada en la economía, la cultura y la política, la teoría debería permanecer, no obstante, abierta a la eclosión de otras dimensiones ganadas con la lucha social" (FRASER, 2008, p. 117).

precaução, da multidimensionalidade e do monismo normativo, essa proposta consideraria tanto o aspecto positivo (a expansão inusitada das demandas por justiça) como o negativo (como dar conta, como medir a justiça ou injustiça de uma determinada demanda).

O "quem" da justiça: quem é o sujeito da justiça, seu destinatário principal? Trabalharemos em termos do Estado Nação, do interesse comum da região? Quem são os afetados por determinada política ou decisão de alguma empresa multinacional? Quem pertence ao círculo dos que têm direito a igual tratamento? São os cidadãos da Grécia ou as decisões afetam, também, os cidadãos norte-americanos? Qual é o alcance, a abrangência do "quem" será detentor de uma determinada política pública ou de direitos?[19]

Se esta é uma questão clássica dos estudos sobre a justiça (Arendt, 1979), a proposta de Fraser (2008), para dar conta dos impasses de justiça anormal atual, é de uma teoria da justiça que seja ao mesmo tempo reflexiva e determinativa. O problema, aqui, é o marco da justiça. Há uma dimensão de injustiça metapolítica que surge por conta da divisão do espaço político em sociedades políticas delimitadas.[20] Aqui se encaixam as questões de injustiça da dívida financeira global, do aquecimento global, da pobreza, por exemplo. Serão questões resolvidas no âmbito dos Estados nacionais?

> Ao considerar a possibilidade de que os marcos de primeira ordem da justiça possam ser eles mesmos injustos, esse nível entende o problema do marco como uma questão de justiça. Em consequência contribui com a re-

---

[19] Fraser situa, em relação ao "quem", quatro pontos de vista em disputa: westfaliano; local-comunitarista; transnacional-regional e global-cosmopolita.

[20] É interessante analisar decisões polêmicas atuais, por exemplo, emitidas pelo Supremo Tribunal Federal, como refletindo a justiça anormal, combinando de maneiras inéditas lutas por reconhecimento, redistribuição, grupos específicos sendo privilegiados: cabe lembrar a demarcação de terras indígenas na região da "Raposa Serra do Sol". Considera-se como titular o "brasileiro", o "fazendeiro", o membro da nação indígena?

EDUCAÇÃO E DIREITOS HUMANOS

flexividade necessária para analisar as disputas em torno do "quem" na justiça anormal (FRASER, 2008, p. 123).[21]

Porém, nessa proposta que permite operar a urgência da justiça, as respostas a demandas, a reflexividade não é suficiente, é preciso que exista um marco normativo. Lembrando Derrida (2007), se a justiça é irredutível ao direito, se é irredutível à norma, se transcende e irrompe, exige sempre uma ruptura, necessita do direito e da norma. Os princípios hoje existentes se dividiriam em: o princípio da condição de membro, no marco de uma nacionalidade ou cidadania compartilhada; outro princípio apelaria à condição comum de todos como membros da humanidade; outro grupo apelaria para o princípio da justiça transnacional, do todos afetados, marcando que existem relações sociais de interdependência a considerar. Como alternativa a esses enfoques, que ou limitam excessivamente o marco ou o diluem demais, Fraser (2008, p. 127-129) propõe um princípio normativo denominado "princípio de todos os sujeitos":

> De acordo com esse princípio, todos aqueles que estão sujeitos a uma estrutura de governamento determinada estão em posição de moral de serem sujeitos de justiça em relação com essa estrutura [...] no mundo atual, todos estamos sujeitos a uma pluralidade de estruturas de governamento, locais, nacionais, regionais ou globais. O que é urgente, portanto, é delimitar diferentes marcos de acordo com os diferentes problemas. O princípio de "todos os sujeitos", é capaz de distinguir muitos "quens", segundo finalidades diferentes e nos indica quando aplicar um marco ou então outro e, por isso mesmo, quem tem direito a participar paritariamente com quem em um caso determinado.[22]

---

[21] Texto original: "Al considerar la posibilidad de que los enmarques de primer orden de la justicia puedan ser ellos mismos injustos, este nivel entiende el problema del marco como una cuestión de justicia. En consecuencia aporta la reflexividad necesaria para analizar las disputas sobre el "quien" en la justicia anormal." (FRASER, 2008, p. 123).

[22] Texto original: "De acuerdo con ese principio, todos aquellos que están sujetos a una estructura de gobernación determinada están en posición moral de ser sujetos de justicia en relación con dicha

Outra questão que cabe mencionar nessa complexa questão do "quem" da justiça é de quem julgará, quem terá legitimidade de mediar, medir, comparar, falar? Trata-se de algo trabalhado por Fraser quando discute o "como" da justiça e que emerge com grande força nos conflitos sociais atuais. Há um outro lado da discussão sobre o "quem", ou seja, aquele que instaura um discurso verdadeiro sobre o "quê", por exemplo, ou o "quem" da justiça. Quais serão as instâncias que julgarão? Os representantes políticos do povo ou o poder judiciário? Os pais ou os especialistas em comportamento? Quem decide a norma, a medida, que uma determinada demanda é justa?

O **"como" da justiça**: não haveria um acordo sobre como deveriam resolver-se as disputas e demandas sobre a gramática da justiça. Quais seriam as autoridades institucionalizadas, como agiriam? Propõe uma teoria que seja ao mesmo tempo dialógica[23] e institucional. Supõe a legitimidade das demandas, da existência de muitas vozes (correntemente dissonantes) que possam se fazer presentes e o desafio de imaginar essas vozes aparecendo em novas instituições democráticas globais. Talvez esta seja a questão mais polêmica e fracamente desenhada no presente estudo. Haveria um equilíbrio, absolutamente precário, que não se centralizaria em nenhum setor/instituição da sociedade, de forma específica. Talvez uma precaução a tomar fosse a de que nessa relação dialógica não exista a possibili-

---

estructura [...] en el mundo actual, todos estamos sujetos a una pluralidad de diferentes estructuras de gobernación, locales, nacionales, regionales o globales. Lo que urge, por tanto, es delimitar distintos marcos según se trate de distintos problemas. El principio de "todos los sujetos", capaz como es de distinguir muchos "quiénes" según fines distintos, nos indica cuándo y dónde aplicar un marco o bien otro, y, por lo mismo, quién tiene derecho a participar paritariamente con quién en un caso determinado." (Fraser, 2008, 127-129).

[23] Em sua defesa do conceito ético-político incompleto de justiça, Heller (1998, p. 303) aponta para a inexistência de um padrão de vida ideal e defende a existência de um universo pluralístico onde cada cultura se ligaria a outra por laços de reciprocidade. Esta reciprocidade simétrica excluiria relações de superordenação e subordinação, hierarquia e dominação. Inclui, basicamente, o intercurso social, a comunicação, o entendimento mútuo, a cooperação.

EDUCAÇÃO E DIREITOS HUMANOS

dade da cristalização de novas subordinações. Nem necessariamente o Estado, nem necessariamente a sociedade civil, nem os partidos, nem as ONGs estariam em condições de decidir o "como" se promove/instaura justiça. Haveria a necessidade, segundo Fraser, de, a cada caso, delimitar quem seriam esses atores institucionais, para dar conta do "como" da justiça.

Estas seriam dimensões e níveis da justiça anormal, que funcionam como ponto de partida para a ação, para a luta contra as injustiças. Uma última precaução seria problematizar a questão da justiça normal e da justiça anormal, tendo como parâmetro a ideia de justiça reflexiva. Esta seria a forma de contornar o perigo das análises centradas na fluidez, mudança, dilemas da atualidade, invalidando a possibilidade de se perseguir mais justiça. Permitiria manter viva a chama do interesse pela emancipação, acreditando na possibilidade de uma reconstrução da gramática da justiça, "de forma que permita ao subalterno falar em termos legitimados" (FRASER, 2008, p. 144)[24].

Retomando novamente Derrida (2007, p. 33), "a violência de uma injustiça começa quando todos os parceiros não compartilham totalmente o mesmo idioma". Como construir a possibilidade do falar em termos reconhecidos?[25]

A importância da análise de Fraser é inegável: permite pensar além, e, principalmente, numa perspectiva de liberdade, imaginar possibilidades de justiça, de práticas justas.

---

[24] Texto original: "de forma que permita al subalterno hablar en *términos acreditados*" (FRASER, 2008, p. 144).

[25] Ressonâncias nos levam a citar Heller (1998, p. 335-336), quando discute a justiça dinâmica: "Uma 'sociedade justa', uma sociedade sem justiça dinâmica, é indesejável. Desejável é a generalização e universalização de justiça dinâmica como um procedimento justo. O único procedimento justo para justiça dinâmica (generalizada e universalizada) é o discurso. O discurso pode ser tal procedimento se as partes contestantes forem livres e iguais. E elas são livres e iguais numa sociedade onde uma 'regra de ouro' é universalizada e generalizada – assim, em uma sociedade de reciprocidade simétrica".

3. O debate, primeiros resultados e descobertas

A perspectiva analítica considerou a existência de tensões irredutíveis, em todos os campos temáticos, que se condensam em lutas em torno da igualdade (busca de igualdade) e da diferença (reconhecimento das diferenças), qual será a medida comum e quem será sujeito da justiça. O quê, quem, para quem, como estão em questão, mesmo que ainda pouco tematizados ou explicitados nos artigos acadêmicos que discutem a justiça/o justo.

Os estudos iniciais identificaram alguns autores que contribuíram para reflexões já mais focadas na questão da justiça em suas tensões em instituições, em suas tentativas de aplicação, como Dubet (2008a, 2008b, 2004, 2006), Estêvão (2006, 2002), Scalon (2007), Fry, Maggie e Grin (2005), Freire (2009) e outros. Esse foi o ponto de partida para o projeto.

Para ampliar o campo de debates, conforme proposto, a pesquisa realizou um levantamento do debate sobre o tema, com uma busca sistemática na Scielo (*Scientific Electronic Library Online*).[1]

Uma busca por *justiça* no campo *assunto* foi realizada no dia 4 de fevereiro de 2010, apresentando 107 resultados. A partir desses re-

---

[1] O projeto abrigou duas iniciações científicas, ambas já concluídas. Uma delas teve por objetivo fazer o levantamento do debate acadêmico na Scielo: *Direitos humanos, justiça e violência:* o debate acadêmico sobre o tema (SOUZA, 2010).

sultados foram pensados alguns aspectos importantes para a análise: quais eram as revistas que mais publicavam artigos sobre o tema, quantos artigos apareciam por revista, quais eram as áreas das revistas e artigos, quais os temas específicos.

Apareceram na busca 44 revistas com publicações sobre a temática, sendo a com maior número de artigos a revista *Psicologia: Reflexão e Crítica*, com dez artigos, seguida de *Revista Brasileira de Ciências Sociais*, com nove artigos. Foram feitos agrupamentos das revistas por grandes áreas de conhecimento, para visualizar o tratamento que cada área dava ao tema.

Agrupar as revistas ajudou a visualizar e organizar os artigos por áreas. A área de saúde (incluindo psicologia) foi a que apresentou o maior número de revistas (dez), porém foram as ciências sociais que produziram mais artigos (35). Os artigos apresentavam discussões que envolviam justiça distributiva, justiça retributiva e formas de punição, violência, desigualdades sociais, estudos sobre teoria da justiça, justiça ambiental, justiça criminal e justiça social. Estas foram as temáticas que mais se fizeram presentes nos artigos. Além das ciências sociais, há que marcar a relevância das reflexões na área da saúde, focada nas desigualdades sociais e no estudo de algumas formas de justiça e da psicologia, focada na justiça distributiva, no desenvolvimento do julgamento moral e nas representações e percepções de justiça em diferentes contextos organizacionais.

Todos estes dados nos deram o esboço da discussão sobre justiça em pesquisas acadêmicas: a produção não é ainda muito extensa, apesar de crescer rapidamente, o que nos indica que o tema tem ganhado importância em áreas diversas. Podemos notar também que a discussão sobre o tema nas revistas de educação ainda é pequena. Alguns artigos, de outras áreas, também podem ser relacionados à educação, mas de maneira mais indireta. Alguns enfoques parecem ser predominantes quando relacionamos justiça e educação, como a questão das representações de justiça e/ou constituição do julgamento moral em crianças, a partir de uma perspectiva teórica cognitivista, mostrando a força da área de psicologia nesse debate. Este é um eixo forte das análises sobre a justiça.

Comentaremos brevemente o perfil de algumas dessas pesquisas, sem pretender fazer um estado da arte ou esgotar a apresentação das pesquisas sobre o tema. Mencionaremos algumas vertentes e alguns artigos, pois serão úteis para dialogar com a pesquisa empírica que será apresentada a seguir.

O desenvolvimento moral foi base de muitas dessas pesquisas – as da área da psicologia – e junto ao tema está o conceito de justiça distributiva e suas fases, trabalhadas pela psicologia cognitivista, tendo como principal referência Jean Piaget (SAMPAIO et al., 2007, 2008; LA TAILLE, 2006; DELL'AGLIO; HUTZ, 2001; SALES, 2000).

Outra perspectiva recorrente, e que é trabalhada no artigo de Rego (2001), tem como base a justiça organizacional, e traz os conceitos de justiça distributiva, com foco na distribuição de recompensas/salários e tarefas; justiça procedimental, que foca no processo, ou seja, na justiça dos meios usados para alcançar os fins; e justiça interacional que trata a qualidade da interação dos empregados com os tomadores de decisões. A grande maioria dos estudos sobre justiça nas organizações segue essa partição e esse marco teórico.

Há, assim, um quadro que aponta para pesquisas com marcos teóricos e recortes empíricos heterogêneos. Buscam, a partir de determinado marco, verificar "como" acontecem as vivências de justiça/injustiça entre pessoas diversas: trabalhadores(as); alunos(as), jovens infratores. Geralmente os autores partem de categorias bem definidas de tipos de justiça. Trata-se de verificar o quanto nos encaixamos (ou não) nas categorias, de acordo com nossa idade, condição social, raça, gênero, nacionalidade. Em poucos trabalhos, há uma "suspensão" teórica ou uma pausa. Nestes, mais abertos, há a possibilidade de uma apreciação um pouco mais ampla dos dilemas e tensões, contradições e hesitações em torno do tema. São estes, mais abertos ou de maior fôlego, que mais nos interessam para dialogar com nossos resultados de pesquisa. Apresentaremos alguns com mais detalhe, pois são alguns textos que consideramos representativos dos esforços de análises mais abertas, que tratam de percepções/representações de justiça, lei, direito.

Menin (2000), no artigo *Representações sociais de justiça em adolescentes infratores: discutindo novas possibilidades de pesquisa*, busca associar o conceito de justiça com as instituições de justiça. Para isso realiza um estudo com 20 adolescentes notificados a comparecer na Promotoria Pública (Presidente Prudente – SP), por terem cometido infrações. São interessantes para nós algumas partes da pesquisa, como as representações de justiça dos adolescentes, relacionadas (por associação livre) ao crime, à punição e à lei; as leis que eles colocaram como mais importantes para uma sociedade foram as que trazem princípios de respeito mútuo, igualdade de direitos e de poder, independência e liberdade, e aquelas que proíbem os maus-tratos.

Também no âmbito do Sistema de Justiça está a pesquisa de Ciarallo e Almeida (2009), porém esta buscava perceber como o adolescente era retratado nos processos judiciais. Concluem que "elementos da doutrina da situação irregular ainda se fazem presentes nas negociações praticadas no contexto da justiça infantojuvenil" (CIARALLO; ALMEIDA, 2009, p. 624), justamente o que pretendia ser mudado pelo Estatuto da Criança e do Adolescente (ECA).

No artigo *Representações sociais de lei, justiça e injustiça: uma pesquisa com jovens argentinos e brasileiros utilizando a técnica de evocação livre de palavras*, de Shimizu e Menin (2004), os resultados nos mostram que

EDUCAÇÃO E DIREITOS HUMANOS

a associação mais frequente de justiça é, para os jovens brasileiros, a da justiça principalmente como um direito a ser garantido pela lei.

> Com base nisso, podemos sugerir que essa representação possui dois sentidos. O primeiro é o de que a justiça, enquanto instituição, deveria garantir pela lei o respeito à igualdade de direitos. Além disso, fazer justiça implica, no sentido moral, respeitar e tratar todos com igualdade. De qualquer forma, no primeiro ou no segundo sentido que se dê à justiça, nem sempre ela é garantida, visto que, mesmo não tão consensualmente, mas pertencendo a esse campo representacional, estão no quadrante direito superior do gráfico e próximas entre si as palavras falta e desigualdade (SHIMIZU; MENIN, 2004, p. 243).

Já para os jovens argentinos, a justiça tem como seu maior representante o juiz que, pela lei, garante a igualdade de direitos. As palavras verdade, correto e justo também estão associadas à justiça (SHIMIZU; MENIN, 2004, p. 244).

Quanto à injustiça, os brasileiros citam a desigualdade, a corrupção e o preconceito, com esta tríade conformando sua percepção central. Aparecem também os termos crime e pobreza. Os jovens argentinos relacionam a injustiça à mentira e à corrupção, associadas à desigualdade, ao crime e à imoralidade.

Para as autoras,

> A justiça, por sua vez, é representada pelos jovens de ambos os países, sobretudo no sentido institucional, sob a ideia de que o que é justo é o que é legal, e de que a justiça é feita pelos representantes do sistema judiciário (juiz e julgamento). Nesse contexto representacional, a justiça é concebida como um direito que garante o princípio de igualdade na aplicação da lei, e esse sentido tem uma força representacional maior entre os jovens da Argentina, uma vez que, enquanto as palavras lei, direito e igualdade estão bem próximas para o grupo daquele país, entre os brasileiros a proximidade maior ocorre primeiramente entre as palavras lei e direito e, em seguida, entre os vocábulos igualdade e respeito – o que carrega a palavra igualdade de um duplo sentido, moral e/ou legal. Observamos, então, que, enquanto

para os jovens brasileiros o direito está em ter a lei para garantir essa igualdade, seja moral ou legal, para os argentinos está explícito que a justiça deve garantir, por meio da lei, não só o direito à igualdade, como também a igualdade de direitos (SHIMIZU; MENIN, 2004, p. 245).

Há, em ambos os grupos pesquisados, uma desconfiança e insatisfação em relação à lei e à justiça, "falta justiça", com a diferença de que entre jovens brasileiros essa falta é associada à desigualdade e nos jovens argentinos é associada à corrupção (SHIMIZU; MENIN, 2004, p. 245).

Outra pesquisa analisada foi *Representações de estudantes universitários sobre alunos cotistas: confronto de valores* (MENIN et al., 2008), com um debate sobre cotas no ensino superior. Os conceitos de justiça predominantes neste trabalho foram os de justiça meritocrática, trazida pelos estudantes em suas respostas, e a compensatória, que vem na base do debate sobre as cotas e é defendida pelos autores e por alguns pesquisados.

Cabe mencionar, nessa mesma temática, a pesquisa do Projeto Observa, coordenado por Fry, Maggie e Grin (2005), *Percepções de desigualdade, equidade e justiça social no ensino superior: o caso da UFRJ*. A pesquisa buscou identificar percepções e avaliações de justiça e equidade quanto à reserva de vagas no ensino superior. Há várias questões importantes que direcionam a pesquisa empírica:

> Não se pergunta apenas a opinião dos respondentes sobre se eles são a favor ou contra as reservas de vagas [...]. Mais do que isso, se quer saber como eles compreendem essa iniciativa *vis-à-vis* as desigualdades sociais [...] trata-se de aquilatar [...] seus sentimentos de injustiça sobre desigualdades, avaliações e expectativas sobre igualdade e mobilidade social, juízos sobre a quem caberia a responsabilidade (FRY; MAGGIE; GRIN, 2005).

Pergunta-se, também, sobre como estas desigualdades poderiam ser combatidas. Daí as perguntas sobre desigualdade racial no contexto educacional, o papel do mérito e das capacidades individuais.

EDUCAÇÃO E DIREITOS HUMANOS

O que pesa mais para o êxito social: habilidades individuais, origem social, cor/raça, sorte? Permite perceber, também, o conflito entre a crença no universalismo dos direitos e as políticas públicas focais.[2]

A pesquisa analisou respostas de professores, estudantes e funcionários da UFRJ. Traremos apenas alguns elementos que são úteis para a nossa pesquisa. Há uma visão (que tem maior adesão por parte dos funcionários) de que as pessoas são compensadas por seus esforços. Porém, essa visão é matizada pela ideia (com a qual todos os segmentos concordam) de que no Brasil é importante conhecer pessoas "bem colocadas" para subir na vida, percebendo o País como uma sociedade relacional. Todos os segmentos concordam em parte com a afirmação de que é preciso ter sorte para se dar bem na vida. Todos concordam totalmente que é responsabilidade do governo diminuir as diferenças de renda entre as pessoas; os pesquisadores comentam esse dado como sendo o reflexo da visão do Estado como "salvador". Simultaneamente, todos concordam, também totalmente, sobre a responsabilidade de todos os indivíduos no combate à desigualdade social; 75% dizem haver um conflito muito forte entre ricos e pobres e 40% consideram também muito forte ou forte o conflito entre negros e brancos. Quanto à percepção de justiça/injustiça da reserva de vagas, há uma pequena maioria que considera injusta a reserva de vagas para pobres e egressos da escola pública. Já em relação à reserva para pessoas negras, há maior resistência, com os alunos menos favoráveis que os professores e funcionários. Acreditam que vão acirrar o conflito racial, concordam que a democracia racial é uma farsa e, simultaneamente, acreditam (uma vasta maioria) que a cultura miscigenada é o maior patrimônio do Brasil.

---

[2] O relatório da pesquisa está integralmente disponível na internet em: <http://www.observa.ifcs.ufrj.br/index.htm>.

Algumas conclusões da pesquisa são interessantes: há uma rejeição bastante geral da reserva de vagas, prioriza-se o mérito, o esforço e as qualidades individuais;[3] a maioria percebe o governo como o grande responsável pelo combate às desigualdades sociais: o combate à pobreza e às desigualdades passa pelo investimento em zonas pobres e negras. Simultaneamente e, talvez, contraditoriamente, todos concordam em que toda a sociedade é responsável pela diminuição das desigualdades sociais. Os dados mostram que brancos e pardos têm percepções mais semelhantes entre si sobre cotas raciais, conflito racial e discriminação do que a existente entre pardos e pretos. Quanto à percepção dos maiores problemas do país, estão: educação, corrupção, desigualdade de renda, saúde, pobreza e segurança. Em últimos lugares aparecem racismo e desigualdade entre os sexos.

Outra pesquisa para nós importante é a de Scalon (2007), *Justiça como igualdade? A percepção da elite e do povo brasileiro*. Este artigo traz parte dos resultados de pesquisa no país como parte de pesquisa ampla do *International Social Survey Programme*. Parte do pressuposto de que a desigualdade social é a característica principal do país e trata-se de perceber como esta é vista, sua dimensão, papéis do Estado e da sociedade. Trabalhou com opiniões e valores da elite *vis-à-vis* com os demais grupos da população. Como elite, elegeu os 10% de maior renda familiar *per capita* e o *survey* foi aplicado por critério amostral de acordo com o Pnad.

Várias questões foram propostas em torno de justiça e igualdade, e o artigo tenta mostrar as semelhanças e diferenças entre as percepções do "povo" e da elite. Uma primeira pergunta analisada trata da aprovação ou não da afirmação "no Brasil, as diferenças de renda são

---

[3] Trabalharemos mais adiante com as pesquisas de Lívia Barbosa (1996 e 2003) sobre meritocracia no Brasil e seus dilemas e impasses.

muito grandes" (SCALON, 2007, p. 131). A grande maioria dos respondentes da elite (89%) e do "povo" (85%) concorda totalmente, mostrando o reconhecimento cognitivo da situação. Isso se altera quando se solicita aos respondentes que classifiquem níveis salariais e profissões. A elite tende a valorizar mais salarialmente profissões de maior prestígio social, revelando aceitar uma desigualdade de renda maior que o povo, numa perspectiva normativa. Ambos percebem, por outra parte, a sociedade brasileira formada por uma pequena elite e por uma grande maioria compondo a base da pirâmide, sendo que, igualmente, povo e elite desejariam que esta fosse uma sociedade composta por uma maioria de classe média. Nossa sociedade, assim, estaria longe do que seria um modelo de sociedade justa.

Outra questão tratou de qual seria o critério de justiça distributiva para definir remuneração: escolaridade, hierarquia de posições de emprego ou a situação familiar, sendo os dois primeiros ligados a características individuais (mérito, esforço individual) e o outro às necessidades de manutenção de família, apontando para políticas compensatórias. Ambos os grupos apontaram para a prioridade do social sobre o individual. A autora aponta para possíveis dificuldades da formulação da questão, mas que os resultados podem levar a considerar que no país, por conta da importância do tema da família e dos filhos, haveria o predomínio de uma perspectiva mais humanista que igualitarista.

Este tema é, para nós, muito importante, e será discutido com mais vagar nos próximos itens, por revelar as peculiaridades de concepções que misturam de formas únicas componentes do mérito e do esforço individual com componentes assistencialistas e paternalistas em relação a determinados setores da população, vistos como do "bem" e vulneráveis, jamais donos de seus destinos. Barbosa (2003) analisará o igualitarismo existente no país, principalmente com sua vertente "substantiva". A vertente formal da igualdade (igualdade perante as leis), de fato, é um dos grandes problemas detectados no país, um dos componentes centrais da percepção de injustiça. Resta, assim, a vertente substantiva, que responde a um sistema moral. Ao se atribuir toda a desigualdade existente às condições sociais, o indivíduo tende a ser visto como passivo, apenas reativo a estas condições. A pesquisa de Scalon toca nessa questão.

O encargo principal na transformação da situação de desigualdade estaria a cargo do governo, tanto para a elite (74%) como para o povo (74%). Poucos chamam para si a responsabilidade (6% e 4%, respectivamente) ou percebem as ONGs, por exemplo, importantes nessa mudança. Quando inquiridos sobre os maiores problemas do país, houve concordância em torno da segurança e da saúde para ambos os grupos. O povo mostrou-se mais preocupado com o desemprego, e a elite, com a corrupção. Para resolver os problemas apontados, os dois grupos concordaram na necessidade de melhoria dos serviços públicos (elite, 44,6% e povo, 40,6%). Diferiram em relação à reforma agrária e à diminuição do ritmo populacional. Se todos concordam abstratamente no aumento do imposto para os ricos, o povo adere mais à ideia de mais impostos que os mais ricos.

A pesquisa reitera dados anteriores sobre congruências entre visão de elite e povo e mostra também divergências. Uma destas é em torno do valor da educação, do mérito e do esforço pessoal, com mais adesão por parte do povo. Um destaque foram as respostas sobre quem poderia mudar esse quadro:

> Como vimos, os brasileiros, pertençam ao povo ou a elite, não se reconhecem como os principais atores no combate às desigualdades, mas igualmente concordam com a afirmação de que as pessoas não se unem para acabar com esse problema social, o que foi apontado por 85% da elite e 86% do povo. Contudo, ainda ficamos por conhecer quem seriam essas pessoas

EDUCAÇÃO E DIREITOS HUMANOS

> que deveriam se unir para lutar contra esse que é o mais grave problema do Brasil. Por um lado, a solução passa pelo Estado [...]. Por outro, a sociedade civil não aparece como o principal ator [...] diante de tal cenário, parece não haver saída possível (SCALON, 2007, p. 147).

Há, assim, certo sonho de justiça, de uma sociedade mais justa, que permaneceria no nível do sonho, ao não termos, de fato, agentes de transformação.

Outra pesquisa importante, de âmbito nacional, é a de Venturi (2010), sobre percepções dos direitos humanos. Com outro enfoque, pelo menos inicialmente, reitera algumas percepções já verificadas em outras pesquisas sobre justiça, justiça social, a partir da investigação sobre os direitos humanos.

Começarei comentando um dado relevante da pesquisa: o conceito dos direitos humanos está associado primeiramente a direitos civis (58%), em seguida aos direitos sociais (31%) e praticamente não é relacionado aos direitos políticos (3%). Benevides (2010) e Kehl (2010) comentam essa questão. Benevides (2010, p. 95) chama a atenção para a importância dos direitos políticos, pois, quando estes não existem, os direitos poderão apenas ser "concedidos", como favor ou privilégio. São duas as questões centrais que tentará responder: por que essa fraca percepção dos direitos políticos? O que pode ser feito a respeito? Ou seja, como realizar o sonho de uma sociedade mais justa (já apontado em outras pesquisas, resolver a "falta de justiça") se não há quem o faça, se não há a percepção da participação política, da luta política como central? O "como" da justiça estaria especialmente comprometido. Benevides propõe que essa indiferença pode expressar a persistência da mentalidade da "menoridade política" do povo, a dificuldade de compreender a relação dos direitos políticos com os demais direitos da cidadania, a percepção dos direitos políticos especificamente como votar e ser votado e não em uma perspectiva mais ampla, de participação nas decisões da vida comum. Cabe recordar a pesquisa citada anteriormente, de Scalon (2007), com todos os respondentes sendo enfáticos na necessidade de o governo responsabilizar-se pela redução das desigualdades, sem haver um reconhecimento da possibilidade de alguma atuação protagonizada por organizações civis ou partidos (ou com os indivíduos mudando seus destinos sociais).

Conjuga-se a isso algo observado em outra resposta: para a garantia dos direitos, a pesquisa verifica que esta aconteceria predominantemente pela família e pelos esforços pessoais. Trata-se de uma peculiaridade em relação ao "quem" dos direitos humanos, o "quem" da justiça. Os resultados são os seguintes para a questão que inquire sobre os fatores mais importantes para a garantia dos direitos: apoio da família (55%), esforço pessoal (49%), políticas de governo (44%), apoio de amigos e conhecidos (20%), informações da mídia (20%), apoio de entidades assistenciais (19%), participação em associações ou grupos organizados (15%).[4]

Benevides (2010, p. 97) comenta como esse resultado pode expressar uma noção precária de cidadania que perde o sentido da vida pública para refugiar-se nos limites da vida privada. Traduz, também, uma sociedade em que o princípio da igualdade frente às leis é constantemente violado em favor de relações clientelistas, familistas, de favorecimento aos amigos. Implica, também, no reforço dos valores tradicionais da sociedade brasileira, centrados na autoridade e na solidariedade familiar, assim como no esforço pessoal.

---

[4] Cabe assinalar que a pergunta, reproduzida na introdução do livro, pode ter induzido a uma percepção individualista, pois aparentemente foi a seguinte: "qual o fator mais importante para que fossem garantidos os *próprios* direitos" (VENTURI, 2010, p. 18, grifo nosso). Ao perguntar sobre os próprios direitos e não sobre os direitos de todos, há um direcionamento da resposta para um viés individual. Mesmo assim, é uma resposta surpreendente.

EDUCAÇÃO E DIREITOS HUMANOS

A família também aparece como fundamental para o aprendizado dos direitos políticos e dos direitos humanos.[5] Kehl (2010, p. 34) também comenta esse aspecto em sua análise da pesquisa:

> Mais uma vez espera-se que a frágil célula constituída por laços de amor e parentesco, somada ao esforço solitário do indivíduo sejam capazes de garantir aquilo que nem as instituições governamentais e políticas públicas conseguem assegurar.

Kehl assinala, assim como Benevides, que esta questão parece apontar para as dificuldades do reconhecimento da universalidade dos direitos humanos. "Que direitos serão reconhecidos acima dos direitos dos membros daquela família em particular?" (KEHL, 2010, p. 34). 60% dos entrevistados também consideram que aprendem sobre os direitos em casa ou com a família.

Há, assim, dificuldades para a construção da sociedade justa, sonhada como uma sociedade de classe média (conforme a pesquisa de Scalon), pois não haveria a percepção de um "como" – meios políticos – nem um "quem" que poderia realizar as necessárias transformações.

A frase proposta na pesquisa e que obteve maior adesão foi: "respeito é bom e todo mundo merece", apoiada por 98% dos entrevistados. A questão do respeito/falta de respeito no país é algo que merece destaque, é um elemento fundamental no sentimento de justiça/injustiça detectado na pesquisa empírica.

Venturi (2010, p. 16) considera que, apesar de todas as contradições da pesquisa, há uma tendência ao reconhecimento do caráter universalista dos direitos humanos e sua relevância para o bem comum, uma tendência a reivindicá-los e a apoiar políticas para sua promoção,

---

[5] Observamos, paralelamente a essa função da família, na lista das piores violências ou violações de direitos humanos, o abuso e a exploração sexual de crianças e adolescentes (67%), que acontece preferencialmente no seio da família.

sempre que propostas. Continuando, quando inquiridos sobre quais seriam os direitos mais importantes, aparecem os direitos sociais e em primeiro lugar o direito à saúde (47%), à educação (38%), ao emprego (26%); após os direitos sociais são considerados importantes por 53% os direitos civis, vindo em último lugar os direitos políticos. O direito considerado mais desrespeitado foi o direito à segurança (63%). A esse respeito, comenta Kehl (2010, p. 38):

> É fato que a garantia de uma base mínima de segurança para a vida social, a circulação e a atuação política é condição para o exercício de todos os outros direitos. O cidadão ameaçado de violência dificilmente sente-se em condições de reivindicar ou defender seus outros direitos.

É possível relacionar estas informações com as percepções detectadas sobre as desigualdades no país, sobre direitos de igualdade e violações contra esses direitos. Entre os direitos humanos mais desrespeitados, listados no questionário, aparecem: a proteção igual perante a lei (refletindo a profunda rejeição ao clássico uso de "dois pesos e duas medidas"), o direito à vida, as liberdades de expressão e de ir e vir, o direito à saúde, o de tratamento igual a brancos e negros e a ricos e pobres.

Se é considerado prioritário o combate à discriminação racial (70%) e essa igualdade é reconhecida por todos (95%), não parece haver igual tolerância com aqueles que desenvolvem ações políticas em torno de políticas de reconhecimento. As taxas de tolerância com aqueles que pensam de forma diferente e com as minorias é bem relativa. Aceita-se que as pessoas tenham ideias diferentes desde que não as divulguem, que sigam a opinião da maioria. É paradoxal essa questão, pois um dos direitos mais desrespeitados assinalados é justamente o da liberdade de expressão. Não haveria, assim, uma postura de uma forte defesa desse direito para algumas minorias que defendem ideias diferentes da maioria. Não resistimos à tentação de citar Barrington Moore Júnior (1987, p. 19):

> Era uma vez aqueles dias felizes em que os estudantes dos assuntos humanos estavam seguros de seu terreno, quando era possível traçar uma nítida separação entre um sistema político e social baseado na força e na fraude, e um sistema que se baseasse na autoridade racional e na justiça. Ainda que fosse bastante difícil encontrar um exemplo empírico convincente de uma sociedade justa, tal distinção parecia elementar e óbvia, o fundamento da análise política inteligente.

Tem-se, assim, um quadro bastante rico de pesquisas que tratam de percepções sobre igualdade, desigualdade, justiça social, direitos. São pesquisas que apontam claramente os dilemas e impasses, a impossibilidade de, *a priori*, definir ou emoldurar as questões ligadas ao tema, já discutidas na introdução teórica. Apontam, porém, para caminhos, para tentativas de mudança.

4. Procurando percepções sobre a escola justa, encontramos percepções sobre a injustiça[1]

O grito "é injusto!" expressa muitas vezes uma intuição mais clarividente sobre a natureza verdadeira da sociedade e o lugar nela ocupado ainda pela violência, do que qualquer discurso racional ou razoável sobre a justiça (RICOEUR, 2008, p. 180).

Realizamos dois estudos empíricos sistemáticos sobre as percepções do justo/injusto. Estas pesquisas haviam sido precedidas por uma série de pesquisas anteriores, vinculadas a trabalhos de sala de aula, quando discutíamos a escola justa. Alguns resultados que havíamos obtido sobre o tema nos mostraram o quão difícil e desafiador é imaginar a escola justa. Mesmo o ponto de partida da sistematização, o dado por Dubet (2008a, 2008b), revela-se problemático, sempre precário, instável. Esta é uma questão reconhecida na literatura sobre o tema:

Ao contrário dos desastres que podem ser universalmente reconhecidos como prejudiciais e indesejáveis, uma vez que golpeiam a esmo e não prestam atenção a privilégios conquistados ou herdados, a justiça é um ponto notoriamente contencioso (BAUMAN, 1998, p. 74).

---

[1] A outra iniciação científica orientada e já concluída no marco da bolsa PQ2 do CNPq foi a de Gabriela Marko (2010), *O que é uma escola justa?*. Esta IC foi objeto de uma menção honrosa no 18º SIICUSP, de 2010.

Ponto contencioso, que se apresenta precário e, ao mesmo tempo, urgente:

> Ora, a justiça, por mais inapresentável que permaneça, não espera. Ela é aquilo que não deve esperar. Para ser direto, simples e breve, digamos isto: uma decisão justa é sempre requerida imediatamente, de pronto, o mais rápido possível (DERRIDA, 2007, p. 51).

São dilemas e possibilidades que permeiam a ação das escolas, mas que derivam de uma confiança primeira, ou seja, na existência de espaços de independência entre as esferas que fazem com que as escolas não reproduzam ou recriem cegamente as desigualdades e injustiças sociais:

> A escola cria suas próprias desigualdades, a economia cria suas próprias desigualdades, a cultura cria suas desigualdades, a política cria suas desigualdades... as desigualdades de cada um desses domínios podem e precisam ser combatidas. Mas há desigualdades e injustiças novas quando as desigualdades produzidas por uma esfera de justiça provocam automaticamente desigualdades em outra esfera (DUBET, 2004, p. 549).

Um sistema justo deveria assegurar certa independência entre estas esferas. Dubet sugere que esta independência pode existir e as ações justas – ou que tendem a não reproduzir mecanicamente a injustiça – deveriam comportar uma combinação das ações listadas: modelo meritocrático, discriminação positiva, acesso a bens escolares fundamentais, um mínimo escolar, utilidade dos diplomas, velar para que as desigualdades escolares não reproduzam as desigualdades sociais, tratar bem os "vencidos".

Nesta pesquisa sobre as percepções, ainda no pré-teste, conseguiu-se uma boa síntese desse contencioso, urgente, que recupera a irredutível alteridade do outro, que estabelece a palavra em contraposição ao corpo a corpo, composto por elementos heterogêneos

EDUCAÇÃO E DIREITOS HUMANOS

e sempre disposto a falhas, entre as(os) alunas(os) do curso de pedagogia:

> Justiça é tratar com igualdade, mas não indiferença. É quando há igualdade de direitos e oportunidades. Quando há direitos respeitados, não apenas dos alunos, mas dos professores. Quando garante todos os direitos do ser humano. Uma escola justa pode ser aquela onde as coisas são decididas coletivamente (alunas(os) de Sociologia II e Educação e Atualidade, 2007).

Aparentemente singela, esta definição (construída coletivamente) toca em todos os aspectos discutidos anteriormente, sobre o quê, o quem, o como da justiça e seus impasses e desafios.

Para a pesquisa aqui relatada, optou-se pela utilização de um questionário (ver Anexo A), por configurar um instrumento quali-quantitativo muito interessante para coletar as percepções de grupos grandes. Além de uma primeira parte, com algumas questões que traçavam um perfil do respondente, tínhamos poucas questões, duas das quais abertas e uma terceira organizada a partir das propostas de Dubet (2004) sobre a escola justa, já mencionadas anteriormente.

Uma primeira tomada de percepções sobre a escola justa ocorreu na própria Faculdade de Educação, com alunas(os) do primeiro ano de pedagogia, do vespertino e noturno, totalizando 80 questionários respondidos. A intenção dessa pesquisa inicial foi testar o questionário. Os resultados, porém, revelaram-se muito bons, e realizamos a análise do material explorando suas facetas. Foram elaborados quadros analíticos para analisar as respostas abertas (a maioria das questões era aberta) e uma análise quantitativa do perfil dos respondentes. É um público feminino (82,5%), que já trabalha majoritariamente em educação (63,75% já trabalham, dos quais 75% na área).

Quadro 1 – Sexo.

Sexo	Quantidade	Porcentagem (%)
Feminino	66	82,5
Masculino	14	17,5
Total	80	100

Fonte: Elaboração da autora.

Quadro 2 – Idade.

Idade (anos)	Quantidade	Porcentagem (%)
18 – 19	27	33,75
20 – 25	21	26,25
26 – 30	11	13,75
Mais de 30	14	17,5
Não responderam	7	8,75
Total	80	100

Fonte: Elaboração da autora.

Quadro 3 – Trabalho.

Trabalha	Quantidade	Porcentagem (%)
Sim	51	63,75
Não	29	36,25
Total	80	100

Fonte: Elaboração da autora.

Quadro 4 – Trabalho em educação.

Com educação	Quantidade	Porcentagem (%)
Sim	39	76,47
Não	11	21,57
Não responderam	1	1,96
Total	51	100

Fonte: Elaboração da autora.

Quadro 5 – Escolaridade.

Escolaridade	Quantidade	Porcentagem (%)
Apenas pública	32	40
Apenas particular	27	33,75
Ambas	20	25
Não responderam	1	1,25
Total	80	100

Fonte: Elaboração da autora.

Cabe ressaltar mais uma vez o perfil das(os) alunas(os) da Faculdade de Educação da USP, com 40% das respondentes tendo feito sua escolaridade integralmente na escola pública.

Realizamos e concluímos um segundo estudo empírico em uma escola estadual na zona sul da cidade de São Paulo, em Parelheiros, região com índices relevantes de pobreza e violência. A escola em questão foi escolhida por ser uma escola de boa qualidade, sem problemas evidentes de violência ou outras queixas; uma escola em que as questões de acesso e qualidade de ensino são tratadas pela equipe de professores, gestores e dirigentes. Nessa escola, colhemos e analisamos 81 questionários distribuídos entre alunos(as) da 3ª série do ensino médio regular, alunos(as) da 3ª série do ensino médio da educação de jovens e adultos (EJA), professores(as) e gestores(as). A distribuição dos questionários foi a seguinte:

a) A (questionários numerados de 1 a 30): 30 alunos(as) de 3º ano de EM regular matutino;

a) B (questionários numerados de 31 a 57): 27 estudantes do 3º ano de EJA;

a) C (questionários numerados de 58 a 81): 24 profissionais entre professores(as) e gestores(as).

Quadro 6 – Sexo.

	Masculino		Feminino	
	Quantidade	Porcentagem (%)	Quantidade	Porcentagem (%)
A (1 – 30)	10	33,33	20	66,67
B (31 – 57)	11	40,74	16	59,26
C (58 – 81)	10	41,67	14	58,33
Total	31	38,27	50	61,73

Fonte: Elaboração da autora.

Muito relevante é a presença marcante das meninas concluindo o ensino médio, superando os meninos. Este é um dado importante, já conhecido a partir de outras pesquisas. Os meninos retiram-se mais cedo da escola; está colocada com mais premência a questão do trabalho, do início da vida profissional. Desenvolvem, seguidamente, trajetórias de idas e vindas, da escola ao trabalho, do trabalho à escola. As mulheres conseguem permanecer mais tempo; haveria um investimento maior em educação. As(Os) alunas(os) do ensino médio regular estão na idade adequada: 28 têm 16 ou 17 anos (em 30 questionários respondidos). A idade dos alunos da EJA reflete perfis diferenciados: um grupo de estudantes que, talvez, estejam na condição de ir e vir da escola ao trabalho e vice-versa: são 12 entre os vinte e os trinta anos, contra 12 com mais de trinta, contando, entre estes últimos, pessoas de quarenta e cinquenta anos, no total de 27 questionários respondidos.

Quadro 7 – Idade.

Idade (anos)	Quantidade	Porcentagem (%)
16 – 19	30	37,04
20 – 25	7	8,64
26 – 30	7	8,64
Mais de 30	32	39,51
Não responderam	5	6,17
Total	81	100

Fonte: Elaboração da autora.

EDUCAÇÃO E DIREITOS HUMANOS

O que queremos comentar neste breve resumo da pesquisa é a presença dominante de relatos de injustiça frente à questão: "Faça um breve relato sobre uma situação reconhecida por você como justa ou injusta. Diga onde, com quem, circunstâncias, resultado", que foi proposta para os respondentes em dois níveis, em relação ao "mundo em geral" e na escola (formulário no Anexo A).[2]

Daí o título deste tópico: fomos em busca da escola justa e encontramos um relato de injustiças, repercutindo e confirmando as afirmações de vários teóricos sobre a justiça (RICOEUR, 2008; BAUMAN, 1998; MOORE JÚNIOR, 1987; DERRIDA, 2007). Uma breve citação de Ricoeur (2008, p. 85): "De fato, nosso senso de injustiça costuma ser mais confiável do que nosso senso de justiça", retomando Rawls (2002), quando este diz que não duvidamos de que a intolerância religiosa e a discriminação racial são injustas, e comentando o impacto que tem sobre nós a vivência ou o relato de uma injustiça vista ou vivida, reconhecida imediatamente como tal, a partir, claro, de nosso conjunto de valores e normas sociais. Retoma, em sua análise, a tradição de Platão e Aristóteles, ao colocar e citar o injusto antes do justo:

> Nosso primeiro ingresso na região do direito não terá sido marcado pelo grito: É injusto! É esse o grito da indignação [...] ora, procuremos lembrar quais foram as situações em que nossa indignação se inflamou. Foram, por um lado, as das divisões desiguais, que achávamos inaceitáveis [...]. Foram, por outro lado, as das promessas não cumpridas [...] foram, também, as das punições que nos pareciam desproporcionais [...]. Retribuições desproporcionais, promessas traídas, divisões desiguais [...]. Mais que isso: não discernimos na indignação uma expectativa precisa, a da palavra que instauraria entre os antagonistas a justa distância que daria

---

[2] Ou seja, esta questão se desdobrou em duas questões, uma especificamente solicitando um relato de uma situação justa/injusta no mundo em geral e outra especificamente solicitando um relato de uma situação justa/injusta na escola.

fim a seu corpo a corpo? Nessa confusa expectativa da vitória da palavra sobre a violência consiste a intenção moral da indignação (RICOEUR, 2008, p. 5).

Foi o que constatamos extensamente nessa primeira pesquisa com alunas(os) da pedagogia e na segunda, realizada em uma escola pública estadual (E.E.P.N.E.).

As(Os) alunas(os) de pedagogia, das 160 possíveis respostas, apresentam 131 situações injustas, portanto 81,8%. No caso da E.E.P.N.E., 133 das 162 possuem a mesma característica, 82,0% do total. Já a justiça aparece em 22 relatos na pedagogia (16%), e em 24 relatos na E.E.P.N.E. (16,28%). Cabe assinalar que a escola E.E.P.N.E. é vista por muitos, especialmente pelos alunos do ensino médio de EJA, como um modelo de escola justa. Se o mundo para eles não apresenta nenhuma situação de justiça, essa justiça está na escola. Há relatos muito explícitos nesse sentido, de reconhecimento do trabalho de inclusão realizado pela escola por parte desses estudantes. O dado é o seguinte: se no mundo são relatados 7 casos de justiça (8,6%), na escola aparecem 17 sobre situações justas (20,9%). Já na pedagogia, o número de relatos de justiça no mundo e na escola é exatamente o mesmo (13,7% para cada uma das situações).[3]

Quadro 8 – Onde estão as injustiças? Pedagogia.

Onde – Pedagogia	Injusto	Justo
No mundo	80%	13,7%
Na escola	82,5%	13,7%

Fonte: Elaboração da autora.

---

[3] Há relatos que contemplam ambas as situações; há alguns que não responderam a uma ou a outra questão. Daí os totais não coincidirem. Lembrando que o total da pedagogia é 80 questionários e o da E.E.P.N.E. é de 81.

EDUCAÇÃO E DIREITOS HUMANOS

Quadro 9 – Onde estão as injustiças? E.E.P.N.E.

Onde – E.E.P.N.E.	Injusto	Justo
No mundo	86,4%	8,6%
Na escola	77,7%	20,9%

Fonte: Elaboração da autora.

Citando Barrington Moore Júnior (1987), Bauman (1998, p. 75) comenta:

Sabemos, pela meticulosa e perceptiva análise histórica conduzida por Barrington Moore Jr., que ao mesmo tempo em que as "massas" não fazem ideia ou, na melhor das hipóteses fazem uma ideia vaga, da noção abstrata de "justiça como tal", elas tendem a reconhecer infalivelmente um caso de injustiça. Em oposição ao que a lógica do vocabulário sugere, "injustiça" é uma noção "positiva", enquanto "justiça" é a negativa.

Continuando:

É a injustiça que parece ser a noção primária da ética popular, sendo a "justiça" a unidade marcada, um derivado, na oposição [...] justiça significa redenção, recuperação do dano, compensação pelos males sofridos – que corrija a distorção causada pelo ato de injustiça. [...] é difícil dizer sob que condições a percepção popular da condição humana como justa e correta tenderá a se desenvolver e é incerto se tal desenvolvimento, caso ocorra, será sujeito a normas verificáveis e generalizáveis. Por outro lado, pode-se razoavelmente supor que a percepção da situação como injusta tenderá a expandir-se e aprofundar-se juntamente com a intensificação das provações não experimentadas antes (BAUMAN, 1998, p. 75).[4]

---

[4] Moore Júnior, interessado em compreender as "bases sociais da obediência e da revolta", tentará, via estudo das injustiças, compreender como as normas sociais e sua violação são componentes centrais na ira moral e no sentido de injustiça. Aponta, também, para o surgimento da indignação e da revolta, que a própria norma social pode ser vista injusta e errada (MOORE JÚNIOR, 1987, p. 21). Resgata, assim, o marco que não contém a justiça, mas que é inseparável da nossa possibilidade de pensar a justiça ou a injustiça. É sempre com relação a alguma norma, direito, lei que nos colocamos em nosso grito de indignação.

A percepção da injustiça, assim, é o "positivo", é o que é perceptível. Este fato é confirmado quando levantamos o número de questões que relatam situações de injustiça, comparando as que tratam da "injustiça no mundo em geral" e as que tratam da "injustiça na escola". Seria de se esperar que houvesse uma percepção maior de injustiça no mundo do que na escola, que a escola seria um lugar onde os relatos de injustiça se veriam ofuscados pelos relatos de justiça. Esse não é o resultado que temos, mesmo com a Escola Pública, principalmente os alunos da EJA considerando sua escola como modelo de escola justa.

4.1. Injustiça no mundo

4.1.1. Macrojustiça ou microjustiça?[5]

Um primeiro elemento interessante que queremos ressaltar é o da percepção da macroinjustiça, da injustiça social ou da microinjustiça, aquela do cotidiano, ligada às relações interpessoais em instituições como o trabalho ou a família. Trabalhamos, assim, com as respostas à questão da justiça/injustiça no mundo. Na pedagogia, das 80 respostas, conseguimos identificar 30 (37,5%) com um amplo espectro. Uma resposta típica pode ser a seguinte:

"Considerando a situação de exploração econômica das classes populares no Brasil, sobretudo com a ampliação da terceirização, é injusta a fiscalização e apreensão das mercadorias dos trabalhadores informais da Rua 25 de Março, visando ao benefício dos comerciantes locais que recolhem imposto para o governo" (FE5).

---

[5] Apresentaremos as respostas identificadas como FE = alunas(os) da Faculdade de Educação; E = alunas(os) do ensino médio da E.E.P.N.E.; EJA = alunas(os) de EJA dessa mesma escola; G ou P = professores e gestores dessa escola.

EDUCAÇÃO E DIREITOS HUMANOS

Outro exemplo é:

"Ver a individualidade e a ignorância de uma sociedade doente em que as condições de vida são determinadas pela origem financeira, cujos direitos à qualidade de vida são privilégios de poucos" (FE6).

Trata-se, com certeza, de estudantes com um perfil diferenciado, que tentam pensar as questões sociais. Mesmo assim, na pedagogia, a maioria relatou casos de microinjustiça (50%). Um exemplo é:

"Quando eu estava na terceira série de ensino fundamental, minha mãe trabalhava e meu pai também, por isso não podiam me levar à escola; minha mãe decidiu pagar alguém para me levar. O 'tio' deixava a todos na porta de suas casas, mas como eu morava em uma favela, ele me deixava na entrada da favela (longe de casa) porque se recusava a entrar naquele lugar (como ele disse à minha mãe)" (FE10).

Outro exemplo:

"Trabalho em uma empresa que possui uma filial fabril, no interior de São Paulo. Recentemente, fomos notificados de um furto na fábrica e, imediatamente, o diretor atribuiu essa ação a um colaborador negro, anunciando a todos no escritório. Foi até a fábrica, para demiti-lo e, ao chegar lá, constatou que não havia sido ele. Resultado: só vergonha, sem pedido de desculpas por parte do diretor" (FE12).

É claro que há relação entre ambos os relatos, os exemplos de microinjustiça refletem macroinjustiças, preconceito social e preconceito racial, por exemplo. Vale a citação de Bauman (1998, p. 90):

Tanto a moralidade como a justiça (ou, como prefeririam alguns, a micro- -ética e a macro-ética) são fiéis a seu nome somente como condições contingentes e projetos cônscios de sua contingência. [...] permitam-me repetir que a cena moral primordial, a reunião moral de dois, é o terreno em que se cultiva toda responsabilidade para com o Outro e o terreno de aprendizado para a ambivalência necessariamente contida na pressuposição dessa responsabilidade. Sendo assim, parece plausível que a chave para um problema tão vasto quanto a justiça social reside em um problema tão (ostensivamente) diminuto quanto o ato primordial de assumir responsabilidade para com o Outro próximo, a pequena distância – para com o Outro enquanto Rosto.

Cabe apontar que na E.E.P.N.E. encontramos apenas 15 relatos com cunho social, apontando para injustiça social ou desigualdade social (18,5%), contra 60 (75%) de relatos de microinjustiças, em um total de 81 respostas. Alguns exemplos:

"Vemos no mundo muitos políticos, pessoas da classe alta, que roubam os pobres e não são punidos" (E13).[6]

"É difícil relatar uma situação só justa ou injusta, porém, a falta de respeito, consideração, falta de educação, cultura e lazer em igualdade de condições são situações que considero injustas e que estão presentes em nosso dia a dia" (G77).

É certo que aquilo que vivemos no dia a dia é o que mais nos toca, indigna, mobiliza. Bauman é bastante enfático em sua defesa de que a busca por justiça social se inicia exatamente nesse momento de indignação pelo outro próximo, pelo outro que vemos. Assumir a responsabilidade frente ao outro seria o passo necessário.

Os exemplos são:

"Quando duas meninas estavam abraçadas em uma vila e apareceu um homem falando um monte de coisas, achando que elas eram um casal. Eu acho que foi injusto" (E1).

"Certo dia estava em um ponto de ônibus e lá tinha um garoto deficiente físico e quando o ônibus parou as pessoas quase passaram por cima dele. Essa é uma situação injusta" (EJA40).

---

[6] Diz Barrington Moore Júnior (1987, p. 64): "Uma das fontes mais poderosas de indignação moral é ver alguém escapar impunemente ao desrespeitar uma regra moral que as pessoas fizeram dolorosos esforços para torná-la parte de seu próprio caráter".

EDUCAÇÃO E DIREITOS HUMANOS

4.1.2. Onde as injustiças acontecem?

Trabalharemos novamente apenas com as respostas à questão do relato de justiça/injustiça em geral, no mundo. Quais são os lugares mais citados, palco das cenas de injustiça?

Quadro 10 – As injustiças do mundo.

Onde	Pedagogia (total = 80)	E.E.P.N.E. (total = 81)
Trabalho	12 – 15%	7 – 8,6%
Rua	14 – 17,5%	12 – 14,8%
Transporte público	4 – 5%	13 – 16%
Casa	6 – 7,5%	2 – 2,4%
Universidade pública	10 – 12,5%	2 – 2,4%
Sociedade	10 – 12,5%	8 – 9,8%
Serviço médico	2 – 2,5%	6 – 7,4%
Universidade particular	3 – 3,7%[7]	–
Escola	4 – 5%	14 – 17,2%
Outros (comércio, esporte, museu, partido político	6 – 7,5%	2 – 2,4%
Banco	–	6 – 7,4%
Justiça/justiça penal	1 – 1,2%	3 – 3,7%

Fonte: Elaboração da autora.

As diferenças podem ser compreendidas a partir da diferença das experiências. Mesmo que os alunos da E.E.P.N.E. sejam alunos do terceiro ano, jovens já em busca ou preocupados com o trabalho/emprego, a diferença de idade com os alunos da pedagogia e o fato de

---

[7] Estes são relatos sobre um acontecimento ocorrido naquele momento, em que uma aluna com uma saia mais curta foi objeto de perseguição em uma universidade particular.

a grande maioria já trabalhar, faz com que as relações de trabalho e o mundo do trabalho apareçam eivados de injustiça.[8]

Alguns exemplos:

"Atitude persecutória em ambiente profissional, injusta e não resolvida, criando dificuldades, não revelando dados do trabalho, mas cobrando-as e criando dificuldades gerais para o exercício das atividades, por mera antipatia ou envolvimento afetivo com determinadas pessoas" (FE28).

"Uma situação injusta é quando em uma entrevista para uma vaga de emprego uma pessoa não tem a igualdade de possibilidade de alcançar a vaga por ser negra e não ter o padrão de beleza considerado ideal, sendo descartada sem ter sequer a possibilidade de mostrar suas habilidades e competências" (FE44).

"Até agora eu nunca fui chamado para um trabalho, mas eu queria tanto ter um, é um dos meus sonhos" (E28).

A arbitrariedade e a injustiça no ambiente de trabalho são destaques nos relatos, principalmente entre aqueles que vivem o cotidiano das empresas atuais.

A rua é a grande cena das injustiças: moradores de rua, crianças nos faróis, assaltos, desrespeito ao pedestre, agressões físicas e verbais, discriminação, abordagem policial. É um ponto importante para ser observado, que se liga com as injustiças do transporte público, com muitos relatos de desrespeito e injustiça nos ônibus e trens. O desrespeito aos idosos e mulheres com crianças de colo é um relato repetido: "já aconteceu uma situação injusta: jovens sentados no ônibus enquanto pessoas idosas ficam em pé. Isso não deveria acontecer" (EJA 38).

---

[8] Assmar (1997), em sua pesquisa sobre injustiça com três grupos sociais, detecta o local de trabalho como principal cena de ocorrência de injustiça (23,9%), seguido da família e escola (21,2%). Claro que esta percepção depende da situação do grupo (trabalhadores ou não, empregados ou não). É interessante que a família não aparece em nossa pesquisa com esse destaque.

A injustiça na casa ou na família foi pouco percebida: é o lugar onde se garantem os direitos? Um relato diz o seguinte: "minha família é meio injusta às vezes, pois já tive ideias muito boas sobre assuntos de família e ninguém quer me ouvir, pois acham que eu sou nova demais" (E7).

"Injustiça: minha mãe diz que, quando pequena, sempre que ela ou algum dos seus quatro irmãos faziam algo de errado, minha avó batia em todos eles por não saber quem tinha feito a 'arte', para dar exemplo aos outros, ou porque achava que os outros tinham sido cúmplices" (FE13).

Seria a família realmente o porto seguro no meio das injustiças das ruas, serviços públicos, transporte?

O aparecimento da universidade pública como palco de cenas de injustiça se deve ao intenso debate sobre ações afirmativas, cotas, bônus para o ingresso no vestibular, a discussão sobre quem está na universidade pública, assim como fatos acontecidos naquele ano, a desocupação da Reitoria, ou a "seleção pós-Fuvest":

"Algumas bolsas de iniciação científica (importantíssimas para a vida acadêmica) chegam a R$ 500,00, mas geralmente são em torno de R$ 300,00, impedindo quem a recebe de trabalhar, o que seleciona os alunos da classe alta ou deixa em situação de miséria os alunos da classe baixa que possam realizá-las" (FE11).

"A forma como o vestibular é feito dificulta o acesso de pessoas com menor renda e que sempre estudaram em escola pública e que não tiveram condições de fazer uma preparação específica para esse exame. Sendo assim, uma situação injusta" (FE15).

Este foi um tópico pouco presente na escola E.E.P.N.E., mesmo com alguns estudantes reclamando da injustiça do vestibular. Mais presentes foram os relatos de injustiça no serviço médico público e nos bancos (ligados a preconceito e discriminação): "tive uma situação injusta em um hospital quando minha mãe estava com câncer e o hospital não tinha vaga para internar e então eu fui à luta até eu conseguir porque a paciente não podia ficar em casa. A situação era muito difícil" (EJA53).

As denúncias sobre a injustiça do sistema de justiça criminal também foram mais presentes entre os estudantes da E.E.P.N.E. Essas situações de injustiça também se fizeram presentes nos relatos das estudantes de pedagogia, porém como relatos de situações de rua, onde policiais param jovens para revista, discriminando aqueles que são negros ou pardos. Há uma denúncia, assim, clara, de discriminação racial.

4.1.3. Respeito/desrespeito ao princípio da igualdade

Na pesquisa de Venturi (2010), vimos que a frase que obteve maior adesão foi: "respeito é bom e todo mundo merece", apoiada por 98% dos entrevistados.

A questão do respeito/falta de respeito aparece fortemente nas falas principalmente dos estudantes da E.E.P.N.E. e é um elemento fundamental no sentimento de justiça/injustiça detectado. São 45 menções ao respeito/desrespeito (55,5%) contra 27 (33,7%) entre as(os) alunas(os) da pedagogia. Aparece associada à situação dos idosos – principalmente no transporte público ou em atendimentos preferenciais –, à dos deficientes físicos, às diferenças de orientação sexual, à cor, origem social e aos que têm "outros padrões de beleza". Ou seja, aparece nos relatos de situações de injustiça entre as pessoas, em seu cotidiano de trabalho, estudo, circulação pela cidade. Porém, há também o registro do respeito/desrespeito a direitos como pano de fundo: em relação à saúde, à justiça penal, ao direito de ir e vir. Há, também, desrespeito ao princípio da igualdade, que aparece em todos os planos de descrição de injustiças.

EDUCAÇÃO E DIREITOS HUMANOS

Propomos, aqui, uma nova leitura do material apresentado nas respostas à questão sobre a justiça/injustiça em geral, no mundo, trabalhando com algumas categorias, todas elas denotando, em diferentes sentidos, a quebra de algum princípio de igualdade:

a) injustiças ligadas à discriminação (reconhecimento): aqui trabalhamos com todas as expressões da discriminação (racial, por orientação sexual, por aspecto físico, idade, naturalidade, origem regional, local de moradia);

b) injustiças ligadas à desigualdade social (distribuição): aqui colocamos todas as queixas de injustiça ligadas à desigualdade de direitos, desigualdade de acesso a direitos, na forma de bens e serviços;

c) injustiças ligadas à retribuição (de bens ou punições – merecimento): aqui organizamos as respostas que faziam menção à injustiça, que podiam ser sintetizadas na expressão "ela/ele não merecia";

d) injustiças ligadas à violação da igualdade perante a lei e as regras (dois pesos e duas medidas): ou seja, quando não há simetria ou reciprocidade em relação a leis ou regras. Daí a expressão que sintetiza essa indignação: "dois pesos e duas medidas", variando de acordo com o *status*, classe social, poder, riqueza, autoridade, beleza etc.;

e) injustiças ligadas à violência criminal: constituem um item à parte, que aparece com mais força na E.E.P.N.E., com relatos de assaltos, agressão, etc.;

f) injustiças ligadas à violência policial.

Estas categorias necessariamente se entrecruzam, se ligam entre si, se suportam mutuamente, se amplificam. Nos relatos, há mais de uma indicação de categoria, há casos de desigualdade que geram situações de discriminação. Porém, permitem certo desenho do material para sua visualização e compreensão.

Quadro 11 – Categorias da injustiça.

Tipo	Pedagogia (total = 80)	E.E.P.N.E. (total = 81)
Discriminação/reconhecimento falho	15 – 18,7%	21 – 25,9%
Distribuição/desigualdade	22 – 27,5%	5 – 6,1%
Retribuição (não merecia)	25 – 31,2%	25 – 30,8%
Igualdade perante a lei/regra (dois pesos e duas medidas)	5 – 6,2%	15 – 18,5%
Violência criminal	2 – 2,5%	6 – 7,4%
Violência policial	2 – 2,5%	1 – 1,2%

Fonte: Elaboração da autora.

É na situação em que há uma retribuição injusta (um castigo, um favorecimento a alguém que não parece merecê-lo) que o sentimento de indignação se revela mais forte. O que lhe cabe? O que lhe é devido? Qual é o seu lugar? Lembramos que este é um dos pontos centrais dos dilemas da justiça.

Assmar (1997), em sua análise da injustiça na vida diária, estudando percepções de três grupos sociais,[9] questiona que o grande fator de mobilização em torno da justiça seria a luta por equidade: "a aparente 'dessensibilização' à injustiça, demonstrada pelos sujeitos brasileiros, pode estar indicando que a crença na proporcionalidade talvez não seja tão universal" (Assmar, 1997, p. 4). Levanta várias hipóteses para tal resultado, como a falta de confiança de que o esforço, a tenacidade e a competência levem a bons resultados, a percepção

---

[9] Trabalhou com relatos de injustiça com 99 adolescentes, 100 universitários e 98 trabalhadores.

EDUCAÇÃO E DIREITOS HUMANOS

da impunidade para os que violam as regras e levam vantagem, os efeitos das mudanças constantes dos planos econômicos e políticas públicas, com a mudança nas regras do jogo.

Sua pesquisa aponta que a maior frequência de experiências de injustiça é de "acusação ou censura injustificada" (33,3%), seguindo-se a "avaliação injusta ou não reconhecimento do esforço ou desempenho" (14,4%), "punição injustificada" (10,7%), "traição de confiança" (9,7%) (Assmar, 1997, p. 6).

Há, assim, coincidência entre as pesquisas, pois estamos chamando de "retribuição injusta" esse conjunto que também é falado pelos depoentes com a caracterização de "ele/ela não merecia". Cabe assinalar que, ao contrário da nossa pesquisa que não procurou saber quais as reações à injustiça, Assmar encontra que a maior subcategoria foi "não fazer nada", "aceitar ou resignar-se à injustiça" (34,4%). É interessante perceber que o grupo mais "resignado" foi o dos adolescentes (39,7%), seguido do grupo dos estudantes universitários (37,7%), terminando com o menos "resignado", o grupo dos trabalhadores (25,9%). Esta "passividade" frente à injustiça é um dado a ser pesquisado, que pode relacionar-se com os elementos da pesquisa de Venturi (2010) sobre a fraca percepção de um "quem" que pudesse mudar a situação de desigualdade e injustiça.

4.1.4. Quem sofre a injustiça?

É difícil se colocar na posição de vítima de injustiça, de discriminação, de desrespeito, relatar um caso que tenha "me" acontecido. A maioria dos relatos trata de situações que envolvem um "outro genérico" ou um "outro próximo". Os relatos falam de "uma amiga", "meu grupo", "os alunos", os moradores de rua, os estudantes.

Quadro 12 – Quem sofreu a injustiça?

Com quem aconteceu?	Pedagogia	E.E.P.N.E.
Comigo	6%	7%
Com o "outro próximo"	23%	40%
Com o "outro genérico"	56%	44%

Fonte: Elaboração da autora.

Alguns exemplos: "Acredito que uma situação injusta com a qual me deparo todos os dias é a dos moradores de rua" (FE1); "Injusta: vi na televisão, uma senhora que caminhava num asilo e foi agredida por uma enfermeira. Resultado: a pobre senhora cheia de hematomas e com depressão profunda. A velhice no capitalismo é algo para se preocupar, sei que um dia poderá acontecer comigo ou com qualquer um" (FE2). Há alguns relatos sobre injustiças com "outros próximos", alguém da família, colegas de trabalho, amigos: "dois amigos meus, mulatos, foram parados por um carro da polícia na volta de um trabalho voluntário. Os dois estavam com camisetas do trabalho e quando eu e minha irmã (ambas loiras) paramos atrás deles para saber o que estava acontecendo, os guardas liberaram eles no mesmo momento" (FE18). Um relato pessoal foi o seguinte: "uma situação injusta que vivi foi quando fui assaltada a caminho do cursinho pré-vestibular. Duas pessoas me pararam e roubaram meu celular" (FE37). Outro exemplo é o seguinte: "negaram um emprego por causa da falta de experiência" (E6).

O sofrimento ligado à experiência de injustiça pessoalmente vivida faz com que seja difícil falar: mesmo assim, contamos alguns casos, ligados à família, a alguma situação concreta. Quando envolve discriminação, humilhação, não é possível sequer contar. Isso faz com que relatemos casos de injustiças que vimos: fomos todos testemunhas de muitas injustiças. Somos testemunhas.

4.2. Injustiça na escola

Descreveremos agora, brevemente, o perfil das respostas sobre a injustiça na escola. Lembramos que temos, na pedagogia, em relação aos relatos sobre o justo/injusto, um total de 80 questionários que ficaram assim distribuídos: 82% trazem relatos de injustiça na escola e 13,7% relatam situação de justiça. Na E.E.P.N.E., temos um total de 81 questionários que trazem respostas sobre o justo/injusto na escola e se apresentam assim: 77,7% trazem relatos de injustiça e 20,9% trazem relatos de situações percebidas como justas.

Onde acontecem os conflitos?

Como era esperado, o lugar dos conflitos é a sala de aula. Há, porém, interessantes diferenças de percepção entre os respondentes da Escola Pública e os respondentes da Universidade, que se expressam no quadro a seguir.

Quadro 13 – Onde acontecem as injustiças na escola?

Onde	E.E.P.N.E. (total = 81)	Pedagogia (total = 80)
Sala de aula	25 – 30,8%	51 – 63,7%
Banheiro, corredor, entrada, cantina, pátio	13 – 16%	3 – 3,7%
Sala da direção	3 – 3,7%	2 – 2,5%
Fora da escola: excursão, estacionamento, transporte	3 – 3,7%	–
Na escola em geral, no sistema escolar	25 – 30,8%	10 – 12,5%

Fonte: Elaboração da autora.

Para as(os) alunas(os) da pedagogia, muitas(os) das(os) quais já trabalham em educação, o espaço central do conflito e o lócus das cenas de injustiça é a sala de aula. Já os respondentes da E.E.P.N.E.

são estudantes, professores e gestores. Entre os professores, há especialmente uma crítica geral da injustiça do sistema escolar, que discrimina o professor. Há vários depoimentos sobre a injustiça da progressão continuada, das formas de avaliação, das condições de trabalho. O problema não estaria na sala de aula e sim em um sistema escolar. Os alunos da escola, por outra parte, vivenciam fortemente os conflitos na sala de aula. Porém, na escola pública há, também, uma percepção de conflitos aparecendo fora da sala de aula e envolvendo relações entre alunos. Esta percepção não aparece entre os estudantes da pedagogia.

Alguns exemplos:

Um aluno de EJA diz: "eu gostaria que os professores tomassem uma atitude com os alunos que ficam bagunçando dentro da sala e atrapalham os outros colegas que saem de casa para vir estudar" (EJA52). Esse mesmo aluno, ao comentar como seria para ele a escola justa, diz: "Uma escola limpa e organizada, uma coordenação que age na hora certa e sempre tenta ajudar os alunos que estão com dificuldade para aprender e sempre orientar os alunos para não riscar as carteiras" (EJA52).

A fila supõe um complexo de normas socialmente estabelecidas, refletindo critérios e percepções de justiça (IGLESIAS; GÜNTHER, 2007). É, assim, um dos lugares onde há conflitos. "Todos os dias vamos lanchar no refeitório da escola e temos que pegar fila, porém tem pessoas que cortam essa fila fazendo assim que a pessoa que já estava na fila fique para trás. Essa situação também é injusta" (E14).

As agressões entre alunos aparecem em vários depoimentos. Um deles nos diz: "desde quando eu entrei na escola meu amigo só apanhava, quando não até agora só apanha e nós amigos dele tem que proteger ele" (E28). Esse mesmo aluno, quando perguntado sobre o que seria uma escola justa, responde: "Para mim uma escola justa não seria nada. Porque tem muitos alunos que não ligam para as aulas" (E28). Está, para ele, dada a impossibilidade de uma escola justa, pois faltaria um dos atores centrais para que esta acontecesse, ou seja, os estudantes que "ligassem" para as aulas.

É interessante olhar os dados à luz da outra organização que propomos, ou seja, quem está envolvido nos conflitos.

Quadro 14 – Quem protagoniza?

Quem	E.E.P.N.E. (total = 81)	Pedagogia (total = 80)
Alunos & professores	21 – 25,9%	46 – 57,5%
Alunos & direção/gestão	7 – 8,6%	8 – 10%
Alunos & alunos	18 – 22,2%	1 – 1,2%
Comunidade & escola	2 – 2,4%	3 – 3,7%
Alunos & sistema escolar	1 – 1,2%	10 – 12,5%
Professores & sistema escolar	11 – 13,5%	–

Fonte: Elaboração da autora.

Os conflitos são narrados com dor e paixão: "Quando uma aluna avisou o professor que estava faltando um ponto de interrogação em uma frase e o professor se sentiu ofendido por causa disso, e a ofendeu, chamando-a de macaca" (E1). É lógico que na questão a seguir, que pede para que a aluna defina o que seria uma escola justa, esta coloca: "sem preconceito, onde todos tivessem os mesmos direitos e deveres" (E1).

Há os exemplos clássicos: "na sala de aula, quando alguns alunos bagunçam, toda a sala é punida" (E8). Uma aluna de EJA conta um caso parecido: "minha filha cursa a 5ª série e, na semana passada, ela ficou sem poder ir a uma excursão que a escola está promovendo porque um colega da sala dela, durante uma aula vaga, quebrou um vidro da janela e a sala toda foi castigada, mesmo sabendo quem foi o autor da bagunça. Isso é injusto" (EJA 33). Para esta estudante, a escola justa seria assim: "é onde todos nós teríamos os mesmos ensinamentos perante outras escolas particulares, desde lições, materiais para os professores trabalharem, ambiente, resumindo, se é escola, independente de tudo, deveria ser igual 'por dentro'" (EJA33). É bom ver a forte demanda por igualdade, tudo deveria ser igual "por dentro".

Como exemplo dos conflitos entre alunos e sistema escolar, vale transcrever o depoimento de uma aluna do EJA: "eu tive uma situação injusta quando meu filho repetiu de ano e a escola não estava querendo fazer a matrícula dele, eu tive que correr em várias escolas para ele não ficar sem estudar. Como tenho muitas amizades boas, eu consegui e agora estamos terminando o terceiro com muito orgulho" (EJA53). A sociedade relacional em ação, permitindo a garantia do direito. A família é o lugar onde se garantem os direitos?

Cabe, também, transcrever um depoimento de uma professora, que pode exemplificar os conflitos entre professores e sistema: "promover o aluno sem conhecimento algum, sistema de ciclo implantado nas escolas públicas, falta de reconhecimento para com os professores, falta de incentivo para que possam estar constantemente em formação, estudando para sempre melhorar seus conhecimentos para os alunos" (P59).

Uma aluna da pedogogia fez o seguinte relato: "na escola onde eu trabalho, que é municipal e fica em Heliópolis, presenciei uma situação que considero não só como injusta, mas preconceituosa também. Um aluno pediu para sentar-se na frente, pois havia esquecido seus óculos e a professora disse que não tinha culpa dele ser um 'ceguinho' e o mandou para a última carteira" (FE10).

Outra história: "no segundo ano do ensino médio, um aluno considerado 'ruim' (que senta no fundo da sala e não faz as lições)

EDUCAÇÃO E DIREITOS HUMANOS

chegou atrasado na sala de aula após o intervalo e disse à professora que havia ido beber água e ficado trancado no pátio. Ela não acreditou e pediu para ele descer até a diretoria. Ele, imediatamente, me apontou e disse que se a história fosse minha, ela acreditaria (eu era tida como uma boa aluna). Então, a professora disse: de fato, acreditaria" (FE13).

Barrington Moore Júnior (1987, p. 78) comenta a respeito dos dilemas com as autoridades:

> Há indicações de que os fracassos da autoridade em cumprir suas obrigações, expressas ou implícitas, prover segurança e avançar nos propósitos coletivos despertam algo que pode ser reconhecido como ira moral frente ao tratamento injusto.

Antes de concluir esse comentário, lembramos que, para os(as) professores(as) que responderam ao questionário, a maior parte da injustiça está "fora" da escola e da sala de aula. Para eles, a injustiça é contra eles enquanto profissionais, é diária, constante, se expressa nos baixos salários e em sua desvalorização profissional, e o grande agente é o sistema escolar. Não há, aparentemente, uma percepção de que a atuação que tenham em sala de aula possa gerar injustiças. Eles(as) são os(as) injustiçados(as). Essa é uma questão que merece mais investigação.

Cabe apenas, agora, apontar para quais são os conflitos mais detectados que geram situações injustas.

Quadro 15 – Categorias da injustiça na escola.

O quê	E.E.P.N.E. (total = 81)	Pedagogia (total = 80)
Discriminação	1 – 1,2%	11 – 13,7%
Ausência de reciprocidade, dois pesos e duas medidas	8 – 9,8%	1 – 1,2%

O quê	E.E.P.N.E. (total = 81)	Pedagogia (total = 80)
Avaliação injusta, punição injusta ou ausência de punição (retribuição injusta: "não merecia")	33 – 40,7%	36 – 45%
Falta de diálogo, não querer ouvir, negativa da palavra	12 – 14,8%	5 – 6,2%
Injustiça social e injustiça escolar, desigualdade social e desigualdade escolar	3 – 3,7%	13 – 16,2
Violência física, *bullying*, agressão verbal	10 – 12,3%	4 – 5%
Desrespeito às normas e às leis	10 – 12,3%	4 – 5%

Fonte: Elaboração da autora.

Chama a atenção a diferença de olhar entre as(os) alunas(os) da pedagogia e alunos, professores e gestores da Escola em relação à discriminação. O olhar das(os) estudantes da Faculdade está aguçado: há tanto relatos pessoais sobre discriminação sofrida como relatos espantados disso em sala de aula nas escolas onde trabalham. Na E.E.P.N.E., isso não é visto na escola. Houve relatos de discriminação "no mundo", ligados à cor, orientação sexual, idade, origem regional. Mas, na escola, na sala de aula, isso não é posto, não é tematizado. Aparece, talvez, muito lateralmente em algum relato de uma retribuição (punição) injusta. É difícil falar sobre a discriminação.

A retribuição injusta (punição excessiva ou falta de punição) é a grande questão: a que envolve a avaliação, a medida. Qual é a medida justa? Podemos imaginar que esse item, que compõe o cerne da injustiça na escola, pode estar associado à ausência de diálogo, à queixa reiterada de ausência de possibilidade de dizer o que se pensa sobre as regras, sobre as decisões. Lembramos que, no item "retribuição", encontram-se também todos os depoimentos que dizem da necessidade de punir "aqueles que fazem bagunça": falta ou excesso de punição, qualquer uma das duas situações se configura injusta.

EDUCAÇÃO E DIREITOS HUMANOS

A ausência de reciprocidade (o professor que cobra a matéria que não deu, por exemplo) é muito presente na escola, assim como as situações de violência direta e quebra de regras ou leis. A quebra de regras ou normas internas é bastante comum nos relatos, combinando-se com as respostas que mencionam o uso de "dois pesos e duas medidas". Um exemplo pode ser: "uma situação injusta que acontece sempre é ser adiado o dia de entregar o trabalho que o professor propôs, porque parte da sala não fez, valendo a mesma nota para todos ou quebrando a igualdade de todos terem o mesmo tempo para fazer o trabalho" (FE62). Aqui há a quebra de um combinado, que leva a uma retribuição injusta, pois alguns terão maior tempo para a tarefa, não terão desconto na nota pelo atraso. Há uma quebra da ideia de valorização do mérito (esforço, pontualidade, disciplina). Outro exemplo de "dois pesos e duas medidas", ou ausência de reciprocidade, é dado pelo seguinte relato: "uma situação que sempre considero justa no ambiente escolar tem relação com datas, acho bastante justo o professor estipular um prazo para a entrega de trabalhos, mas quando o professor exige um prazo ele deve também fixar um prazo para uma data de devolução do trabalho corrigido" (FE7).

Outro exemplo, que ilustra a retribuição injusta por conta de "dois pesos e duas medidas": "quando eu cursava a sexta série, uma colega de classe, assim como todos os demais colegas, fez um trabalho, um desenho, para a disciplina de educação artística. O trabalho ficou realmente lindo, bem feito, harmônico, fenomenal! No entanto, a professora disse que a aluna não o tinha feito sozinha, pois não seria capaz de tamanho capricho. Então, deu nota 7" (FE64). A avaliação negativa que tinha sobre a aluna impediu que ela considerasse o trabalho feito.

Já as(os) alunas(os) da pedagogia são mais sensíveis às macroinjustiças; há menção da escola injusta por reproduzir a desigualdade social, transformando-a em desigualdade escolar.

Um relato de uma aluna é representativo dessa sensibilidade à injustiça: "cursei o ensino médio em uma escola pública de uma pequena cidade do Paraná. Frequentei o primeiro ano no período noturno por trabalhar durante o dia, mas o ensino foi muito fraco. Deixei de trabalhar no segundo e no terceiro ano estudei no período diurno. Eu achava e acho injusto que os alunos que não podem deixar de trabalhar tenham um ensino de qualidade inferior" (FE39).

A violência física, a briga, o *bullying* também aparecem com mais força nos relatos dos alunos e professores da Escola Pública, vinculada à quebra ou ao desrespeito de normas e regras. Essa é a base da injustiça, é a base da violência. Um exemplo extremo está em um relato de uma estudante da pedagogia:

"Uma menina (mais ou menos dez anos) com câncer no sistema nervoso central teve seu rosto esfregado na parede pelos colegas de classe. A diretora da escola justificou o acontecimento dizendo que a garota era "lenta", "passiva" e "não reagia" às agressões dos colegas, portanto ela nada poderia fazer para ajudar a menina. A menina acabou se afastando da escola" (FE3).

4.2.1. Quem sofreu a injustiça?

Novamente nos interessamos em saber se é possível relatar casos pessoais de injustiça na escola.

Quadro 16 – Quem sofreu a injustiça?

Com quem aconteceu?	Pedagogia	E.E.P.N.E.
Comigo	17%	12%
Com o "outro próximo"	60%	38%
Com o "outro genérico"	17%	25%

Fonte: Elaboração da autora.

Há mais possibilidades de falar sobre a injustiça sofrida concretamente na escola. Os discursos gerais (todos os professores sofrem, todos os alunos sofrem) ainda aparecem, mas há várias menções a casos pessoais ou acontecidos com pessoas próximas. Mesmo assim, ainda é difícil. Um exemplo dessa dificuldade é a expressão de uma aluna do EJA: "Graças a Deus, nunca passei por nenhuma situação (de injustiça)" (E55).

Algumas histórias podem ser contadas. Um exemplo é a seguinte narrativa: "quando estava na sexta série do ensino fundamental, uma professora utilizou a minha 'descendência racial', em frente de todos os outros colegas da classe, para explicitar que eu estava sendo uma má aluna. O resultado foi raiva e desinteresse na matéria" (FE12). Outro caso, na mesma direção, diz o seguinte: "eu estava na quinta série e meu professor de inglês disse para a sala toda que, no futuro, eu (era uma boa aluna) dirigiria um 'carrão' enquanto que eles estariam andando a pé. Acho que dizendo isso ele fez uso da 'profecia autorrealizadora' e negou a esperança no futuro a meus colegas de classe" (FE68).

Um exemplo para ilustrar o relato que envolve a injustiça com o "outro próximo": "na sétima série um amigo meu, que sempre foi rotulado de bagunceiro e indisciplinado, foi para o conselho de classe e foi reprovado com a justificativa de não ser maduro o suficiente para ir bem na oitava. Um detalhe é que ele tinha ido bem em todas as matérias, menos em uma, sendo reprovado por imaturidade" (FE18). Um aluno de EJA conta o seguinte: "muitos professores não dão muita atenção no que os alunos perguntam, deixando o aluno constrangido no meio dos colegas. Isso para mim é muito injusto" (EJA31).

São relatos com dor, a maior parte de microinjustiças, injustiças cotidianas. Dizem sobre retribuições injustas, discriminação, quebra do princípio da igualdade, falta de diálogo.

Esse tópico (e, de fato, os anteriores) pode ser relacionado com uma das questões que aparece, principalmente, nas respostas dos estudantes da Escola Pública: a falta de diálogo, a impossibilidade de dizer. A escola, o lugar do diálogo? Isso aparentemente não acontece. Se a justiça é o Outro, como nos diz Derrida, não está sendo possível ouvir esse Outro, vê-lo, quem sabe suportá-lo.

Lembrando Derrida (2007, p. 33),

> É injusto julgar alguém que não compreende seus direitos nem a língua em que a lei está escrita, ou o julgamento pronunciado. E, por mais leve e sutil que seja aqui a diferença de competência no domínio do idioma, a violência começa quando todos os parceiros de uma comunidade não compartilham totalmente o mesmo idioma. Daí pensar em "possibilidade de justiça".

Pela análise da "injustiça", temos pistas para começar a perceber a "possibilidade de justiça": onde estará?

4.2.2. Algumas pesquisas sobre a injustiça na escola

Antes de concluir este tópico sobre a injustiça, gostaríamos de apresentar algumas pesquisas que tratam do tema na escola e que dialogam com a pesquisa que realizamos.

Sales (2000), em seu artigo *O conceito de justiça distributiva*, relacionado às normas sociais escolares, realiza uma pesquisa com 90 crianças e adolescentes do período diurno de uma escola estadual, no município de Três Lagoas (MS), em que trata de algumas questões sobre normas escolares. Trago alguns resultados que podem nos interessar.

Em uma pergunta sobre quem deve decidir sobre horários, uniforme e provas nas escolas (os alunos, ou os adultos, ou os dois), verificando a integração entre o aluno e o adulto nas decisões, quando

EDUCAÇÃO E DIREITOS HUMANOS

a resposta foi "os dois", foi sugerido que isso acontecesse através do grêmio estudantil, colegiado, conselho de classe, ou ainda o voto. É importante esse dado por apontar para a percepção de criação de algum coletivo.

Na investigação a respeito da percepção sobre retribuição e reciprocidade, na questão sobre se é certo ou errado dar notas iguais para os membros de uma equipe, sendo que alguns trabalharam mais do que outros, observou-se um número elevado de respostas que diziam ser *errado*. Os resultados da pergunta sobre se é certo ou errado dar a mesma nota para quem entrega trabalho no prazo e para quem entrega depois mostra mais respostas *errado*, assim como a questão que indaga se é certo ou errado um aluno ter que fazer nova prova porque o professor perdeu a sua prova antes de tê-la corrigido. Por fim, na questão que indaga se o personagem (da história base) agiu certo ou errado por só ter feito a metade da tarefa, observou-se que há um número elevado de respostas *errado*.

Sem termos feito especificamente uma questão ou um levantamento do aparecimento das injustiças ligadas à avaliação escolar (nota, trabalhos), esta emerge quando verificamos o peso da retribuição injusta, em que encontramos vários relatos sobre a avaliação.

A partir destas situações descritas na pesquisa de Sales (2000), podemos perceber algumas possibilidades de justiça na escola: as decisões, tomadas com a participação de todos os segmentos da escola; o que seria justo na avaliação, considerando a importância do mérito, do empenho dos alunos, em uma crítica a certo "igualitarismo" que muitas vezes é lido como "indiferença". Algo que fere o senso de justiça dos alunos é o que chamam de "sorteio da nota". Aqui se expressa com força a tensão entre a igualdade fundamental entre todos em relação ao direito de conhecer e a produção da desigualdade escolar através de seu sistema de classificação contínua. Sem resolução possível, essa tensão se expressa no reconhecimento do aluno, do seu lugar, do seu empenho, do seu trabalho.

Carbone e Menin (2004) pesquisaram a injustiça na escola. Duas pesquisas foram realizadas em Presidente Prudente (SP), com estudantes de escolas públicas e particulares. Na de 1999, com adolescentes de 8ª série do ensino fundamental e 1ª série do ensino médio, o principal agente de injustiça indicado pelas respostas foram *professores* (23%), com acusações e punições por comportamento inadequado, favoritismos por alguns alunos, erro na atribuição de faltas e a avaliação, não levando em conta somente aspectos de aprendizagem escolar, sendo usada de maneira punitiva.

Também verificamos a sala de aula e o embate entre professores e alunos como sendo o lócus central dos conflitos, que se dão principalmente pela injustiça retributiva (punições excessivas, injustas ou inexistentes, avaliações ou notas injustas) e pela existência de uma quebra do princípio de igualdade de todos, com o uso de "dois pesos e duas medidas". Os alunos considerados bons são sempre perdoados; os de mau comportamento, mesmo com "bons feitos", são castigados. Um exemplo bem interessante da nossa pesquisa é o que relata a não distribuição de fichas para o Enem para os "maus alunos", para que a escola não corra o risco de ter uma nota baixa:

"Estudei em uma escola particular que era financiada por uma fundação, ou seja, não pagávamos. No terceiro ano do EM, a escola nos fornecia a ficha de inscrição do Enem, sem que precisássemos pagar. No entanto, com medo [...] do *ranking*, decidiram que os alunos que tivessem notas baixas [...] não receberiam a ficha e não poderiam fazer o Enem pela escola" (FE1).

Outro grupo importante, identificado como autores de injustiças para Carbone e Menin (2004, p. 259), são os *alunos entre si* (18%), principalmente ao acusarem uns aos outros por comportamento inadequado. As autoras observam que "a delação em escolas parece ser uma prática frequente e, de certa forma, incentivada por professores, o que acaba por resultar em situações frequentes de injustiça".

Em nossa pesquisa, observamos esse dado na escola pública, com 22% dos depoentes citando casos de injustiças entre alunos. Não tivemos relatos de delação e sim de agressões físicas, discriminação, indisciplina.

Citam também *o governo* (15%), com um ensino de má qualidade e os salários de professores; *a direção da escola* (12,5%), ao cometer uma injustiça retributiva ligada à atribuição de pena a um infrator (aluno); *a polícia* (5,5%), quando chamada para intervir no comportamento de algum aluno; *os alunos em relação aos professores* (4,2%), ao desrespeitarem ou brigarem com eles, e ainda *agentes indeterminados* (21%) também por acusar ou punir injustamente um aluno, e "cigarro e drogas nas escolas".

Vemos que as ideias de injustiça predominantes são a retributiva e a legal (quebra ou violação de uma lei ou norma). Aqui novamente encontramos algumas coincidências entre os resultados, lembrando que, no caso das(os) estudantes da pedagogia, há uma percepção acentuada da injustiça como macroinjustiça.

A segunda pesquisa de Carbone e Menin (2004) foi realizada em 2003, com duas classes de 5ª série do ensino fundamental, uma de escola particular e outra de escola pública. Nas respostas à pergunta "Para você, o que é uma injustiça?", a injustiça foi apresentada, na maioria das respostas, enquanto legal, relacionada a atos de infração. Na escola particular, outras formas de injustiça são levantadas: a retributiva ligada a castigos, a distributiva com relação a desigualdades de tratamento e a social e os problemas da sociedade. Nas escolas públicas, além da concepção legal e um número significativo de casos de "Não sei", aparecem também os casos sociais. Em resposta à pergunta

"Você já viu acontecer alguma injustiça na sua escola? Sim ou não? Explique". A maioria das respostas, principalmente na escola pública, é a que diz que os alunos nunca viram ou presenciaram nenhuma injustiça na escola em que estudam. "Violência/desrespeito entre os próprios alunos" aparece numa frequência semelhante nas duas escolas. Uma categoria que surgiu apenas na escola particular foi "Tratamento desigual entre salas". Quando perguntado se foi presenciada alguma injustiça na sala de aula, a maioria das respostas foi "não", com mais ênfase na escola pública, novamente. "Rigidez na aplicação das normas escolares" foi uma resposta frequente, que apareceu somente na escola particular.

Ainda são consideradas injustiças, principalmente na escola particular, o professor tratar os alunos de forma desigual, a direção dar razão ao professor mesmo quando ele está errado, reclamações de pais, tirar o lanche dos alunos mais novos e, por fim, o professor punir os alunos por mau comportamento.

Percebemos que a injustiça aparece em diferentes espaços e com diferentes atores. Nas respostas dos pesquisados, porém, a escola e a sala de aula aparecem predominantemente como lugares onde não há injustiças. Tendo Moscovici como referência, as autoras lembram que as representações sociais podem naturalizar o que é estranho, porém rotineiro, o que dificulta a problematização da questão. Lembramos que, em nossa pesquisa, os estudantes da FE reparam, de forma mais intensa que os estudantes da E.E.P.N.E., as injustiças da sala de aula.

4.3. E o mérito? Onde está?

Outro ponto que assinalaremos que emerge da pesquisa é o que trabalhou com um quadro proveniente da análise de Dubet (2008a,

2008b) sobre a escola justa, que inquiriu sobre a maior ou menor relevância (para uma escola justa) das seguintes questões: a) basear-se estritamente no mérito, premiando os esforços individuais; b) compensar as desigualdades sociais, dando mais aos que têm menos, a partir de ações afirmativas; c) garantir a todos os alunos um mínimo de conhecimentos e competências; d) preocupar-se principalmente com a integração de todos os alunos na sociedade e com a utilidade de sua formação; e) permitir que cada um desenvolva seus talentos específicos, independentemente de seu desempenho escolar.

Aqui encontramos diferenças significativas entre as respostas das(os) alunas(os) da pedagogia e professores e coordenadores da E.E.P.N.E. Enquanto o item "d" é apontado como mais relevante por 46,25% na primeira tomada (e o item referente ao mérito encontra um apoio por parte de 3,75%), na escola, o item mais relevante é o "e", com 29,17% (com o mérito sendo visto como o mais relevante por 8,33%).

São questões curiosas que nos levaram a um levantamento e a uma leitura mais cuidadosa sobre a questão do mérito (BARBOSA, 1996, 2003; DURU-BELLAT, 2005; BRINBAUM; DURU-BELLAT, 2006) a partir da constatação de que uma "ausência" desse porte é digna de ser mais estudada: é a meritocracia percebida como a única forma, numa democracia, de produção de uma desigualdade justa?

O que fazer? O que seria justo?

Já discutimos as ideias de Dubet (2008a, 2008b) de que a meritocracia (com todos os seus defeitos e vieses) não poderia ser descartada em uma democracia, por ser, talvez, a única forma de produção de uma desigualdade justa. É uma ficção necessária, ligada ao postulado da igualdade:

> E, como o postulado democrático da igualdade não para de se desenvolver
> – as mulheres, as crianças, os estrangeiros são considerados "cada vez mais
> iguais" –, enquanto as mutações econômicas provocam novas desigualda-

des, é claro que a igualdade das oportunidades permanece um horizonte normativo ao qual é necessário se apegar (DUBET, 2008b, p. 48).

É claro que Dubet também comenta que, ao lado do quadro geral da igualdade meritocrática das oportunidades, haverá que agregar outro projeto, da igualdade distributiva de oportunidades. E, quem sabe, poderíamos complementar uma igualdade de reconhecimento que negue subordinações e também uma garantia de paridade de participação.

Dubet faz uma retomada da centralidade da ideia de mérito numa sociedade democrática. Sua base é de uma igualdade em todos nós, que nos faz sermos mestres de nossas vidas e destinos. Não estamos mais aprisionados às categorias sociais de nossos pais, não estamos delimitados pelo nome, pelo sangue, pelo nascimento. Não somos mais definidos por nossa ancestralidade. Essa ideia de igualdade liga-se à noção central, portanto, da liberdade individual. "É preciso então que a competição desses sujeitos iguais e desses sujeitos empiricamente desiguais, o que se chama mérito, seja a mais justa possível" (DUBET, 2008b, p. 49). Chama a atenção para o fato de que as desigualdades de *performances* interindividuais medidas na escola são sempre mais marcadas que as desigualdades entre os grupos.

> Por exemplo, se filhos de operários têm, em média, piores resultados que os dos quadros, nada impede que alguns deles trabalhem bem na escola e que os filhos dos quadros apresentem baixas *performances*. Se, na mesma classe, as meninas têm, em média, mais êxito que os meninos, não é raro que os primeiros da classe sejam meninos e os últimos, meninas (DUBET, 2008b, p. 50).

O mérito é uma forma, na sociedade democrática, de regulação e controle social. A educação escolar não apenas atua na produção da conformidade social: pretende uma escolaridade eficaz (socialmente)

EDUCAÇÃO E DIREITOS HUMANOS

e útil. "É por esta razão que a busca da *performance* escolar e o fato de colocar à prova seu próprio mérito constituem uma verdadeira modalidade de controle social e de regulação" (DUBET, 2008b, p. 51). É um dos eixos centrais da educação moral, baseada como está no adiamento da satisfação, no esforço, na abnegação, na disciplina. Não é por acaso que lembramos, aqui, de Émile Durkheim (1977), com sua proposta de educação moral. Como novos elementos da educação moral, podem-se listar a eficiência e objetivo do julgamento sobre si e suas possibilidades, um renovado controle de si, a possibilidade de cooperar com outros. O sucesso, no sistema do mérito, estará, assim, legitimado. Todos tiveram as mesmas oportunidades: alguns aproveitaram mais, com mais eficiência. Insiste em que é uma ficção necessária; sem ela, toda a arquitetura da igualdade e da liberdade desmoronaria (DUBET, 2008b, p. 53). Necessária, pois, pelo menos entre o que conhecemos, não há alternativa viável a esse sistema de distribuição.

Arendt (1972) discute a rejeição norte-americana a certa ideia de meritocracia proveniente da tradição inglesa. Como lá o princípio da igualdade, especificamente o de igualdade de oportunidades, é um valor incontestável, a educação de todas as crianças, até onde for possível, é fundamental. Ao comentar o sistema meritocrático inglês, diz que é um sistema que estabelece uma oligarquia, não de riqueza ou nascimento, mas de talento. "A meritocracia contradiz, tanto quanto qualquer outra oligarquia, o princípio da igualdade que rege uma democracia igualitária" (ARENDT, 1972, p. 229). Como ocorre, então, a distribuição (de bens, diplomas, honrarias)?

Há algumas pesquisas a respeito que gostaria de mencionar, pois talvez nos ajudem a compreender a baixíssima adesão dos nossos respondentes à importância da meritocracia como um critério de justiça escolar e, simultaneamente, verificar que uma parte do mal-estar contido nas situações de injustiça relatadas se foca, centralmente, nos problemas derivados de retribuição injusta (merece, não merece). Tanto entre professores como entre estudantes (do EM ou da pedagogia), há essa queixa como dominante; as situações relatadas giram em torno de: punições injustas ou excessivas, ausência de punições, avaliações, reconhecimento falho, não valorização do esforço por parte do outro (professor, aluno, direção, sociedade).

Brinbaum e Duru-Bellat (2006) pesquisam a maneira como a meritocracia se torna internalizada e a importância da escola para esta interiorização. Estão falando da sociedade francesa que, assim como a inglesa citada por Arendt, tem um sistema escolar baseado em exames que direciona desde cedo as trajetórias profissionais dos alunos. A questão é que a escola é central na legitimação da desigualdade ao difundir a convicção de que a educação escolar é o único princípio válido para a hierarquia econômica e social. Testarão a hipótese de que a interiorização da meritocracia escolar é mais forte entre os mais bem avaliados/adaptados pela/na escola. Trata-se de uma hipótese um tanto óbvia, claro, mas traz resultados importantes. Trabalharam com uma centena de profissionais de diferentes áreas, bem diversificadas, de todas as idades, com entrevistas centradas na questão da influência, sobre os julgamentos de justiça e interiorização da meritocracia escolar, do nível de estudos das pessoas.

Em relação à questão sobre se o diploma é o fundamento para as desigualdades de remunerações, 51,5% consideram que sim. Interessante observar que justamente aqueles de classe social mais baixa são os que mais consideram o peso dos diplomas para legitimar as diferenças salariais. Os operários concordam com essa assertiva em 61% dos casos. Entre os professores, essa adesão também se revela forte, como se fosse uma "profissão de fé" (Brinbaum; Duru-Bellat, 2006, p. 3). A menor adesão à meritocracia escolar aparece entre aqueles que

EDUCAÇÃO E DIREITOS HUMANOS

vivem como "déclassés" e entre os jovens, assim como entre os mais diplomados.

Os entrevistados, ao revelar uma adesão moderada à meritocracia escolar, levantam outros fatores importantes para a hierarquia das profissões e ganho profissional: são nomeadas as competências (qualificação, saber-fazer) por 54%; a adaptação ao trabalho (o jeito como se trabalha), por 44%; os esforços e o investimento no trabalho, por 42%; os estudos, mencionados por 33%; a experiência e antiguidade, por 20%, as responsabilidades exercidas, por 19% e, finalmente, a ambição e a motivação, por 9% (Brinbaum; Duru-Bellat, 2006, p. 4).

Quando perguntados se as pessoas são recompensadas pelos seus esforços (há justiça no mundo do trabalho?), 66% respondem que não. Somente 16% respondem que sim (Brinbaum; Duru-Bellat, 2006, p. 5). Os menos diplomados são os mais assertivos nesse sentido, de não haver recompensa para seus esforços (68%). Quando perguntados sobre se as pessoas conseguem aquilo que merecem, o "não" novamente ganha com 45,5%; 24% consideram que sim. Mais do que a meritocracia escolar, a meritocracia no trabalho é a mais fortemente questionada. Mesmo assim, a escola não fica de fora do julgamento: para 54%, a escola não é justa.

Quanto à questão de se as pessoas são tratadas de forma justa, a maioria dá uma resposta negativa (58%).

> Muito além destes julgamentos críticos sobre a efetividade da meritocracia escolar na França de hoje, a ideologia meritocrática continua pregnante. Foi perguntado às pessoas se "na França, todo mundo pode ter sucesso igualmente em sua vida profissional". Mesmo com essa tonalidade crítica foi suprendente observar que foi a resposta "sim" a que domina (56%) (...). Nessa tendência majoritária a estimar, apesar de tudo, que todos podem igualmente ter sucesso, exprime-se a norma internalizada, o tema

"se a pessoa quer ela pode", como exemplificado na afirmação de um agricultor: pelo trabalho, você conquista tudo (BRINBAUM; DURU-BELLAT, 2006, p. 6).[10]

No Brasil, encontramos a pesquisa de Valle e Ruschel (2009) e os trabalhos de Barbosa (1996, 2003). No estudo histórico feito por Valle e Ruschel (2009, p. 198), analisando as formas de acesso à escola e suas transformações nas diferentes políticas educacionais de 1930 a 2000, constata-se que, quanto mais a inserção na vida profissional supõe uma formação preliminar, mais a ideia de uma meritocracia escolar ganha legitimidade. Concluem perguntando se as recentes políticas de educação no Brasil, fundadas no princípio da igualdade de oportunidades, conseguirão controlar o "poder de diferenciação" do nosso sistema de ensino. Perguntam-se, também, se este sistema não acabará transformando a legalidade formal do direito à educação em privilégio dos merecedores (VALLE; RUSCHEL, 2009, p. 200).

Barbosa vai além e problematiza o que é "mérito" para brasileiros, japoneses e norte-americanos. Trabalhará, assim, com pressupostos culturais que informam o debate, pressupostos que raramente são explicitados. Faz uma distinção básica entre sistemas meritocráticos (critério de ordenação social) e meritocracia enquanto ideologia. No primeiro caso, a capacidade de cada um de realizar algo baseado em seus talentos e esforços é invocada como critério de ordenação dos membros da sociedade apenas em alguns casos. No segundo caso,

---

[10] Texto original: "Au-delà de ces jugements três critiques sur l'effectivité de la méritocratie scolaire dans la France d'aujourd'hui, l'idéologie méritocratique reste prégnante. Il était demandé aux personnes si "en France, tout le monde peut réussir dans la vie professionelle". Et dans cette tonalité globalement critique, il est un peu étonnant d'observer que c'est le oui qui l'emporte (56%) [...]. Dans cette tendance majoritaire à estimer, malgré tout, que tout le monde peut réussir, c'est, semble-t-il, davantage la norme d'internalité qui s'exprime avec, très prégnant, le thème "si on veut, on peut", comme dans l'affirmation de cet agriculteur: par le travail, t'arrives toujours à quelque chose." (BRINBAUM; DURU-BELLAT, 2006, p. 6).

EDUCAÇÃO E DIREITOS HUMANOS

"é o valor globalizante, o critério fundamental e considerado moralmente correto para toda e qualquer ordenação social, principalmente no que diz respeito à posição socioeconômica das pessoas" (BARBOSA, 1996, p. 68).

Esta ideologia está ligada às sociedades igualitárias, em que os indivíduos são iguais e se diferenciam pelo desempenho.

> Isso significa que as pessoas são comparadas e classificadas tomando-se como base o desempenho relativo de cada um, e que nenhum outro fator (relações pessoais e consanguíneas, poder econômico e político) pode ser levado em conta nesse processo classificatório, sob pena de invalidar a filosofia central de todo o sistema (BARBOSA, 1996, p. 69).

No Brasil, haveria uma dissociação das duas vertentes da meritocracia. É valorizada como critério básico de ordenação social e é negada, cotidianamente, como prática social. Não seria, assim, uma sociedade ideologicamente meritocrática. Os critérios de relações pessoais, parentesco, posição social e antiguidade são usados ao lado de critérios meritocráticos. Analisa que esta é uma questão histórica, um cruzamento que aparece nas primeiras constituições do país. São "dois pesos e duas medidas" que aparecem, até hoje, claramente, por exemplo, na administração pública do país. Os sistemas tradicionais se entrecruzam com os democráticos e com os meritocráticos (BARBOSA, 1996, p. 74). Se, em princípio, todos aderem aos princípios do mérito (desempenho e esforço pessoal), na prática, a senioridade e as relações pessoais aparecem como principais fatores para a diferenciação de salários e posições sociais. Para compreender estes paradoxos, Barbosa (1996, p. 80) discute a relação entre igualdade e desempenho:

> Para que o desempenho dos indivíduos tenha legitimidade social, ele deve estar inserido num contexto juridicamente igualitário, no qual a igualdade funcione como uma moldura para os acontecimentos e proporcione as

condições para que as pessoas sejam avaliadas exclusivamente pelas suas realizações.

Aqui encontramos o grande problema: há um contexto juridicamente igualitário ou o Brasil se caracteriza por "dois pesos e duas medidas" nas questões de retribuição (punição ou distribuição de honrarias e cargos)? Aqui, poder econômico, *status*, aparência física, relações de amizade e família podem mais que desempenho, esforço, competência. Tanto que a igualdade de direitos (igualdade de tratamento frente à lei) é uma das principais categorias quando se discute a escola justa.

Essa igualdade aqui é absolutamente frágil e, para Barbosa (1996, p. 86), aqui imperaria uma percepção de igualdade "substantiva", de ordem moral:

> [...] somos todos iguais, não porque um sistema legal assim nos defina, mas porque, num sistema moral globalizante, a equivalência jurídica aparece como um fato conjuntural que em nada afeta ou modifica nossa equivalência moral como membros da espécie humana.

Seria a humanidade a medida de nossa equivalência. Assim, as desigualdades entre os indivíduos são vistas como provenientes exclusivamente de uma ordem social injusta, com o indivíduo sendo um "sofredor" dessa ordem. A visão é de um indivíduo passivo, não reativo.[11] Por isso surgem as demandas para que sejamos avaliados no contexto do "eu e minhas circunstâncias" (BARBOSA, 1996, p. 88): assim, o desempenho não se avalia, se justifica.

---

[11] "O indivíduo, nessa perspectiva, tende a ser percebido como um ser reativo que responde exclusivamente às condições a que se vê submetido, ao contrário do agente proativo da visão norte-americana, que atua e transforma o ambiente em que vive pela força da sua vontade individual. Assim, entre nós, a responsabilidade pelos resultados de cada um está centrada no universo social, o que em grande parte exime o indivíduo de responsabilizar-se por seus próprios méritos" (BARBOSA, 2003, p. 66).

EDUCAÇÃO E DIREITOS HUMANOS

Almejamos não o desenvolvimento e o reconhecimento dos aspectos idiossincráticos de cada um, mas o estabelecimento de um estado igualitário, onde o que é concedido a um deve ser estendido a todos, independente do desempenho individual e das desigualdades, naturais. Daí a síndrome de isonomia, as progressões automáticas para todos [...] (Barbosa, 1996, p. 88).[12]

Daí a senioridade ser o único critério de diferenciação considerado justo, pois todos chegaremos lá é uma determinação genética, natural.

Há aspectos muito importantes, nos estudos de Barbosa, para nossa pesquisa. Alguns resultados permitem compreender melhor a ausência, já vista em várias pesquisas, de um "quem" que poderia mudar a situação de injustiça.

Ao mesmo tempo pensamos que, se esta fraca adesão à meritocracia como um critério central para a avaliação do desempenho apareceu nas respostas à questão por nós formulada a partir das categorias da escola justa do Dubet, assim como o predomínio da visão de que a escola justa seria aquela que levaria em consideração as diversas situações sociais, verificamos um grande mal-estar exatamente por conta de não se levar em conta o desempenho, a vontade, o esforço pessoal.[13] Há, assim, um emaranhado que se expressa no predomínio dos relatos de situações de injustiça envolvendo exatamente as diversas situações ligadas à retribuição injusta, a microinjustiça no cotidiano da sala de aula. Punições injustas ou ausência de punição, não valorização do mérito, ausência de diálogo (impossibilidade de defesa), juntam-se aos "dois pesos e duas medidas", ausência de uma medida comum e igual, à realização da igualdade de todos frente à lei e à regra.

---

[12] Daí as instituições serem pautadas pelo "movimento vertical de grandes grupos de status e a imobilidade dos indivíduos" (Barbosa, 2003, p. 72).

[13] Uma aluna da E.E.P.N.E. diz o seguinte sobre a escola justa: "justa = bom aluno ser reconhecido pelos professores; injusta = alunos indisciplinados não serem punidos" (E9).

4.4. Apontamentos para uma escola justa

> Parece cada vez mais provável que a justiça seja um movimento, em vez de um objetivo ou qualquer "estado final" descritível; que ela se manifesta nos atos de identificar e combater injustiças – atos que não indicam necessariamente um processo linear com uma direção, e que sua marca registrada é uma perpétua autodesaprovação e descontentamento com o que foi alcançado. A justiça significa sempre querer mais de si mesma (BAUMAN, 1998, p. 89).

Apresentamos, aos alunos e alunas, professoras e professores e gestores da E.E.P.N.E. uma pergunta sobre o que seria uma escola justa. Mesmo considerando que a injustiça é o "positivo", foi interessante o esforço para definir a escola justa. Tivemos 71 respostas (ver Anexo D). Foi interessante observar como foram respostas curtas, "telegráficas". Em todas elas há, comumente, mais de um elemento de justiça.

4.4.1. Igualdade, igualdade de direitos, igualdade de deveres, igualdade de direitos e deveres

Das respostas, 49,2% contiveram menções à igualdade, igualdade de direitos. Essa igualdade foi mencionada de diferentes formas e abrangeu diferentes atores. Alguns exemplos:

"Igualdade para todos"; "Que todos são tratados da mesma maneira, que vale para qualquer pessoa"; "Escola justa seria as mesmas regras para todas as pessoas"; "Todos os alunos com direitos e deveres iguais sem exceções"; "Direitos para todos"; "Uma escola que desenvolva a inclusão social entre todos".

Dos respondentes que mencionaram a igualdade de direitos, 17% especificaram que esta seria entre alunos, entre alunos e professores, entre alunos, professores e demais atores da escola. A igualdade em

EDUCAÇÃO E DIREITOS HUMANOS

relação aos deveres foi mencionada por 14% dos respondentes. Estes deveres compreendem os alunos estudarem e não "bagunçarem", os professores darem aula, o fim das aulas vagas, a escola estar sempre limpa e organizada para receber os alunos. A igualdade em relação a direitos e deveres apareceu em 4,2% das respostas.

A escola justa, assim, seria uma escola voltada para a construção da igualdade. Não é essa a sua função? A de garantir a igualdade de oportunidades para todos, em uma sociedade democrática, em que não se decide o destino social por ancestralidade, condição social, raça, sexo? Há uma percepção, na escola pública estudada, de que esse é um objetivo a ser alcançado.

Carlota Boto (2005) trabalha a formação dos direitos humanos e suas três gerações. Se a primeira tem como componentes os direitos políticos, a liberdade e a igualdade civil, junto com a ideia de tolerância religiosa, na segunda geração, a luta é pelos direitos sociais, pela igualdade de oportunidades. Com a Declaração dos Direitos Humanos, há um novo avanço: buscam-se os sistemas de proteção aos direitos. Manifesta o reconhecimento às diferentes identidades, à pluralidade cultural e de valores. Para Boto, na educação também é possível identificar três gerações, a começar pela democratização do ensino, que se torna direito público. Quando esse direito é reconhecido (e aplicado), passa-se a buscar mais qualidade para o ensino, possibilitando o êxito de todos, não somente daqueles que se identificam com o *ethos* e o *habitus* institucional, e o reconhecimento de ideais democráticos internos à vida escolar. E a terceira fase, que parece ser a atual (mas ainda entremeada pelas anteriores), é a de reconhecimento da diferença e diversidade – os debates sobre as cotas são parte desse momento, por exemplo, ou ainda a Lei n.º 11.645/08, que torna obrigatória a temática "História e Cultura Afro-Brasileira e Indígena" nas escolas.

Essa tensão entre igualdade e diferença, de luta constante pela igualdade, aparece como demanda nas respostas sobre a escola justa. As diferenças de sexo, idade, origem regional, cor, não poderiam limitar o direito de todos à igualdade de direitos, de ensino, de conhecimento, de participação.

4.4.2. Respeito, reciprocidade

Novamente o tema do respeito aparece com força. Um exemplo é: "uns respeitando os outros porque, se envolver respeito, tudo muda, e quem faz a escola é o aluno" ou "lugar respeitado pelos profissionais e governantes, onde os alunos e profissionais sejam apoiados e valorizados". A menção ao respeito, que juntamos à noção de reciprocidade, aparece em 25% das respostas. Aliada à demanda por igualdade, à igualdade de direitos e à demanda por valorização (reconhecimento do mérito), é o avesso do que já tínhamos visto quando analisamos as situações de injustiça relatadas. O desrespeito é o que não se quer na escola justa: "com professores mais educados e que aceitem as opiniões dos alunos, de mais respeito não só de alunos, como professores".

Outro depoimento diz: "eu gostaria que houvesse mais respeito humano a todos que trabalham na escola, desde o pessoal da limpeza à diretora da escola, também humildade das pessoas". O respeito também tem a ver com as condições estruturais da escola, como limpeza, organização, disciplina, regras claras. Associa-se, também, à valorização da profissão, aos salários, à formação. Para acontecer, é necessária a reciprocidade, ou seja, determinada equivalência em que as diferenças são levadas em consideração sem que isso anule o princípio da igualdade.

EDUCAÇÃO E DIREITOS HUMANOS

4.4.3. Mérito, valorização, qualidade do ensino

O reconhecimento da igualdade, o reconhecimento da diferença, o respeito, implica na valorização do mérito de cada um. Cada um poderá ser reconhecido com suas possibilidades, terá uma retribuição condizente com seu trabalho, empenho, esforço. Esse tópico é presente em 19% das definições do que seria uma escola justa. Alguns exemplos: "em que cada aluno fosse analisado individualmente, que cada estudante fosse respeitado por suas dificuldades e ajudado"; "para ser diretor teria que ter formação em administração de empresas, para depois ter administração escolar. Cuidar de tudo como se fosse seu. Ter poder para valorizar seu subordinado, sem o aval do governo. Priorizar os que realmente têm talento e vontade de trabalhar. Com certeza, tudo seria melhor"; "uma escola com estrutura para atender as necessidades individuais dos alunos, que permita que todos consigam desenvolver suas competências".

Tema controverso, reaparece no debate das propostas sobre a escola justa, que deveria, também, valorizar os esforços e diferenças individuais. Podemos relacionar este tópico com as definições de que a escola justa seria aquela em que haveria qualidade de ensino: "justo é termos aula". 15% dos respondentes mencionam questões relacionadas à avaliação ("fim da progressão continuada") ou ao conteúdo ensinado ("nós teríamos os mesmos ensinamentos, perante outras escolas").

4.4.4. Diálogo, participação

Em 16% das respostas apareceu a importância da possibilidade de dialogar, participar, dar a opinião. Escola, lugar da palavra? Lugar do diálogo? Um aluno diz que uma escola justa é onde "todos tenham direito de resposta". Outra nos diz: "teria alunos que não teriam medo de assumir o seu erro e falar que foi ele que fez aquilo e não passar para o colega ou o mais bobão da sala". Seria uma escola onde se ouvissem as diferentes versões dos acontecimentos, onde a palavra dos professores e dos estudantes tivesse o mesmo peso, onde se pudesse expor o pensamento e ideias, dizer o que se pensa. Essa demanda, aliás, aparece mais fortemente entre os(as) estudantes do terceiro ano do ensino médio regular. Não aparece entre os(as) alunos(as) de EJA, mais preocupados com a igualdade e com o respeito, assim como com o respeito às regras, nem entre os professores. Entre estes e entre os gestores aparece a menção à participação, mas não há menção a incentivar o diálogo, a interlocução.

Estêvão (2006) trabalha a educação associada a valores como liberdade, justiça, solidariedade, tolerância e, ainda, no âmbito da comunicação, associada ao diálogo, à sinceridade, à inclusão e à igualdade de oportunidades.

> Nesse sentido, a comunicação, assim como o conflito, tornam-se condições de possibilidade da escola como espaço público, ou seja, como espaço de debate, de convivialidade e de "voz", de intercâmbio de ideias, de direitos e deveres argumentativos, de adopção colectiva das decisões que ultrapassam os muros domésticos da própria escola, de democracia (ESTÊVÃO, 2006, p. 92).

Utopia? De que escola fala?

A pesquisa de Sales (2000), apesar de trabalhar com a justiça distributiva relacionada às normas escolares, não explora o que seria uma escola justa. Através de algumas respostas dos pesquisados às questões, porém, podemos extrair algumas ideias: as decisões nas escolas podem ser tomadas coletivamente, através de órgãos já existentes (grêmio estudantil, colegiado, conselho de classe), ou ainda podem ser votadas, em uma assembleia, por exemplo. A boa convivência entre os alunos parece importante para uma escola justa: emprestar o material, cuidar do material do colega, fazer sua parte no trabalho, pensar nas necessidades dos outros. Também é necessário justiça por parte dos professores, que devem analisar o esforço dos alunos e devem ter atenção aos trabalhos entregues.

Vemos aqui listados alguns elementos encontrados em nossa pesquisa: a necessidade do diálogo, do respeito e a valorização dos alunos por parte dos professores (mérito). Lembramos que um dos itens mais detectados como injusto é o que trata da retribuição (punição, ausência de punição, distribuição de honrarias). Novamente são os elementos de uma microjustiça escolar que se tornam objeto de atenção.

Ideia semelhante pode ser encontrada no trabalho de Carbone e Menin (2004), no qual, pensando no inverso do que é apontado como injusto pelos alunos, uma escola justa seria aquela em que professores, alunos e administração se respeitam, avaliam as situações de forma justa, no que diz respeito à retribuição, principalmente. É igualmente justa a atenção adequada do governo, com foco na qualidade do ensino e salário dos educadores. O investimento na educação básica pública também aparece como importante para a constituição de uma escola justa nos artigos de Neves e Lima (2007), Weller e Silveira (2008) e Moehlecke (2004).

Aqui é importante a menção à macrojustiça e às políticas públicas, que pouco apareceram nas respostas dos nossos estudantes. Sem elas, como dar conta das microinjustiças? Mesmo entre os professores, que, em princípio, poderiam estar mais sensíveis a estas formulações, isso não aparece. A ideia de que uma escola justa seria possível em um sistema escolar justo e em uma sociedade justa não apareceu. Há menção à valorização do magistério, à necessidade de uma escola com estrutura, democrática, inclusiva. Mas solitária.

Partindo dos artigos que trabalharam representações de lei, justiça e/ou injustiça (SHIMIZU; MENIN, 2004; MENIN, 2000), percebemos que justiça está associada, de forma geral, a leis, direitos e deveres, e também à igualdade. Será que, se a pergunta fosse sobre a justiça na escola, as representações seriam as mesmas? Creio que nossa pesquisa reafirma essa possibilidade. Uma escola justa deve, então, ter normas/leis claras, e sua sociedade – a escolar – deve trabalhar com direitos e deveres? E, além disso, deve haver igualdade legal e moral? Ao pensar nas leis essenciais para uma sociedade, os participantes da pesquisa coordenada por Menin (2000) defenderam com mais frequência o respeito mútuo, a igualdade de direitos e de poder, a independência e a liberdade e a proibição de maus-tratos. Vimos todas essas questões aparecerem.

Há algumas análises mais prescritivas, que imaginam um lugar determinado para a escola. Citamos duas, a de Valdivieso (2003) e a de Estevão (2006).

Valdivieso (2003), preocupado com a sociedade democrática, pensa a educação cidadã nas organizações da sociedade civil, mas, talvez, possamos inferir algumas qualidades dessa educação em uma escola justa. Uma escola justa seria, então, aquela que se propõe a educar seres pensantes, autônomos e críticos, que saibam comparar informações, analisem os fatos e também sejam ativos e participantes nas questões do bairro e do município e/ou instituições em que estão presentes. A escola, assim como as organizações da sociedade civil, pode discutir o funcionamento de certos (ou todos) órgãos governamentais – e mesmo os não governamentais –, como o Sistema de Justiça, e formar alguns movimentos para a sua compreensão prática. Seria uma escola no mundo, não mais solitária.

Estêvão (2006) também toma a democracia como base de suas propostas e traz vários aspectos que devem constituir uma escola justa, democrática e que respeita os direitos. As escolas seriam lugares de aplicação, consolidação e expansão dos direitos humanos, onde ocorre a vivência dos valores da liberdade, da justiça, da igualdade, da solidariedade, da cooperação, da tolerância e da paz. Deve ser uma organização dialógica, com alguns princípios: da sinceridade; da inclusão ou da participação de todos os afetados no diálogo; da reciprocidade, que tem a ver com a igualdade de oportunidades; e da simetria, em que os interesses têm de ser considerados do mesmo modo e abertos à revisão argumentativa. Deve acontecer um intercâmbio de ideias entre subjetividades, e é importante saber que para existir a autonomia individual é necessária a autonomia cidadã.

Um longo caminho a percorrer! Acreditamos que o caminho prescritivo é inoperante e mais vale pensar o caminho da justiça como movimento, por-vir, ligado ao minúsculo do cotidiano, que possa – de alguma maneira – dar conta do "Outro" – da sua singularidade. Trata-se daquilo que é impossível e ao mesmo tempo urgente, que não espera!

Por fim, para Dubet (2004, p. 553):

> [...] é preciso aprender a defender outros princípios de justiça e a combiná-los com um modelo meritocrático. É necessário introduzir uma dose de discriminação positiva a fim de assegurar maior igualdade de oportunidades. É preciso também garantir o acesso a bens escolares fundamentais, ou, para afirmar de modo mais incisivo, a um mínimo escolar. A escola justa deve também se preocupar com a utilidade dos diplomas. Ao mesmo tempo, e de maneira oposta, ela deve velar para que as desigualdades escolares não produzam, por sua vez, demasiadas desigualdades sociais. Enfim, um sistema competitivo justo, como o da escola meritocrática da igualdade de oportunidades, deve tratar bem os vencidos na competição, mesmo quando se admite que essa competição é justa.

Dilemas, tensões, formulações híbridas: caminhos.

Como conclusão desse pequeno balanço da pesquisa realizada e que leva a desdobramentos que gostaríamos de pesquisar a seguir, apresento alguns apontamentos finais sobre a escola justa.

Levando em consideração todos os relatos coletados entre as duas pesquisas, foi possível estabelecer seis pontos principais que caracterizariam, inicialmente, a escola justa. Seriam:

a) o respeito à igualdade de direitos, recusa da desigualdade do tratamento: se todos e todas são iguais perante as leis, regras e combinados, sejam estes formalizados ou sociais, cotidianos, o justo é que não existam "dois pesos e duas medidas";

b) o respeito às diferenças, recusa da discriminação e do preconceito;

c) em caso de violação de lei, norma, regra ou combinado, a existência de uma punição (retribuição) justa e proporcional a determinada ação; para tanto, é claro, é preciso que existam regras e combinados claros e conhecidos por todos;

d) o reconhecimento do mérito;

e) o diálogo, a comunicação e a possibilidade de participação nas relações escolares;

f) a existência da qualidade de ensino, de princípios pedagógicos; nesse caso, a função da escola do ponto de vista da instrução, dos conteúdos, da formação é exposta como fundamental para possibilitar a escola justa.

Haveria, assim, uma série de pontos que definiriam o que é uma escola justa, sempre considerando a dificuldade em se definir – abstratamente – o justo. Poderíamos pensar que saímos da abstração quando pensamos no cotidiano escolar como um lugar – difícil e conflituoso – de encontro.

A ideia de justiça é concebida no momento de encontro entre a experiência da singularidade (como se dá na responsabilidade moral pelo Outro)

EDUCAÇÃO E DIREITOS HUMANOS

e a experiência da multiplicidade de outros (como se dá na vida social) (BAUMAN, 1998, p. 68).

Essa é a questão, também apenas aparentemente singela. É a escola um lugar de encontro? É possível pensar em uma microjustiça dissociada das formas jurídicas, não formalizada, que implique um respeito ao olhar do outro?

Seguindo Derrida (2007, p. 54-55),

A justiça permanece porvir, ela tem porvir, ela é por-vir, ela abre a própria dimensão de acontecimentos irredutivelmente porvir. [...] Talvez seja por isso que a justiça, na medida em que ela não é somente um conceito jurídico ou político, abre ao porvir a transformação, a refundição ou a refundação do direito e da política.

"Talvez", é preciso sempre dizer talvez quanto à justiça. Há um porvir para a justiça, e só há justiça na medida em que seja possível o acontecimento que, como acontecimento, excede ao cálculo, às regras, aos programas, às antecipações, etc. A justiça, como experiência da alteridade absoluta, é inapresentável, mas é a chance do acontecimento e a condição da história.

Este movimento pode ser contido em um programa, projeto, política pública, regras de conduta, normas? Esta será a questão que norteará a proposta do novo projeto, que pretenderá continuar e problematizar os caminhos para uma escola justa.

5. Considerações finais

A continuidade da pesquisa: só há justiça quando há justiça restaurativa?

> Tentei mostrar, em efeito, que a justiça é irredutível ao direito, que há um excesso da justiça com relação ao direito, mas que, não obstante, a justiça exige, para ser concreta e efetiva, encarnar-se no direito, em uma legislação. Naturalmente, nenhum direito poderá resultar adequado à justiça e por isso há uma história do direito, por isso os direitos do homem evoluem, por isso há uma determinação interminável e uma perfectibilidade sem fim do jurídico, precisamente porque o chamamento da justiça é infinito. Uma vez mais, justiça e direito são heterogêneos e indissociáveis. Requerem-se um ao outro (DERRIDA, 1997, p. 5).[1]

Quando se chega ao momento em que se aproxima o final de uma pesquisa, inúmeras novas perguntas se colocam: quais seriam os novos caminhos que responderiam – pelo menos parcialmente –

---

[1] Entrevista en Staccato, programa televisivo de France Culturel producido por Antoine Spire, del 19 de diciembre de 1997, traducción de Cristina de Peretti y Francisco Vidarte en DERRIDA, J., ¡Palabra!. Edición digital de Derrida en castellano. Texto original: "He intentado mostrar, en efecto, que la justicia era irreductible al derecho, que hay un exceso de la justicia en relación con el derecho, pero que, no obstante, la justicia exige, para ser concreta y efectiva, encarnarse en un derecho, en una legislación. Naturalmente, ningún derecho podrá resultar adecuado a la justicia y, por eso, hay una historia del derecho, por eso los derechos del hombre evolucionan, por eso hay una determinación interminable y una perfectibilidad sin fin de lo jurídico, precisamente porque la llamada de la justicia es infinita. [Una vez más, ahí, justicia y derecho son heterogéneos e indisociables. Se requieren el uno al otro]." (DERRIDA, 1997, p. 5).

às inquietações e angústias que emergiram da verificação (ainda que sempre parcial) das percepções sobre justiça/injustiça em suas articulações com os direitos – humanos – e a violência? Como lidar, no cotidiano escolar, com o "talvez" da justiça, com as dissonâncias e encontros entre os alunos e os professores que lá estão, com a forte demanda detectada de igualdade, respeito, reciprocidade, diálogo?

Há, na Secretaria Estadual de Educação de São Paulo, uma série de ações que pretendem articular justiça, direitos, violência, educação. Destacaremos o projeto Justiça e Educação e o Sistema de Proteção Escolar.[2]

Em andamento desde 2006, o projeto Justiça e Educação instituiu em 2009 uma "Comissão Permanente de Estudos para a implementação do Programa Justiça e Educação: Parceria para a Cidadania" com o objetivo de avaliar, analisar e propor a ampliação e continuidade do programa na rede pública estadual. Este projeto foi contemplado no Prêmio Nacional de Educação em Direitos Humanos de 2009. A ampliação do projeto justifica-se da seguinte forma:

> O sucesso das ações do projeto aliado à necessidade de se pensar em práticas que contribuam para que as escolas e comunidades, que vivenciam situações de violência, transformem-se em espaços de diálogo e resolução pacífica de conflitos, fez com que, mais uma vez, suas ações fossem ampliadas.[3]

Segundo o documento, o projeto Justiça e Educação busca desfazer a associação entre jovens e violência pela capacitação de atores sociais das escolas e comunidades, com participação de representantes das Varas da Infância e Juventude e a prática da Jus-

---

[2] Apresento aqui o novo projeto de pesquisa aprovado pelo CNPq (Bolsa Pq 1D 2012-2016).

[3] Disponível em: <http://www.fde.sp.gov.br/PagesPublic/Noticias.aspx?contextmenu=buscaspub &noticia=692>. Acesso em: 15 jul. 2011.

EDUCAÇÃO E DIREITOS HUMANOS

tiça Restaurativa para lidar com situações de conflito envolvendo a comunidade escolar. A Justiça Restaurativa prega o envolvimento da comunidade na solução de conflitos a partir do entendimento e da adoção de medidas não punitivas aos envolvidos. O projeto prevê a implantação nas escolas dos chamados *círculos restaurativos*, que são espaços abertos ao diálogo e à adoção de soluções negociadas para o entendimento entre os envolvidos em conflitos ocorridos na comunidade escolar.

Instituído a partir de 2009, o Sistema de Proteção Escolar,[4] junto com as Normas Gerais de Conduta Escolar, "articula um conjunto de ações, métodos e ferramentas que visam disseminar e articular práticas voltadas à prevenção de conflitos no ambiente escolar, à integração entre a escola e a rede social de garantia dos direitos da criança e do adolescente e à proteção da comunidade escolar e do patrimônio público". Foi também implantado o ROE (Sistema Eletrônico de Registro de Ocorrências), que permite aos gestores da rede registrar situações de risco e de indisciplina que afetam as escolas estaduais.

Em abril de 2011 aconteceu a abertura de processo de inscrições para professores interessados em atuar como professores mediadores escolares e comunitários.[5] A função de professor-mediador escolar e comunitário foi criada em março de 2010, como parte do Sistema de Proteção Escolar implantado pela Secretaria de Estado da Educação para proteger as escolas da rede estadual de fatores de risco e vulne-

---

[4] Dialogando, de uma maneira direta, com a proposta do Programa Nacional de Direitos Humanos, Decreto n. 7.037/2009: Eixo Orientador III; Diretriz 8; Objetivo estratégico III; Ações programáticas: d) Implantar sistema nacional de registro de ocorrência de violência escolar, incluindo as práticas de violência gratuita e reiterada entre estudantes (*bullying*), adotando formulário unificado de registro a ser utilizado por todas as escolas. MEC, 2009. A resolução em questão é a *Resolução SE n. 19*, de 12-2-2010. Disponível em: <http://lise.edunet.sp.gov.br/sislegis/detresol.asp?strAto=201002120019>. Acesso em: 15 abr. 2010.

[5] Disponível em: <http://www.fde.sp.gov.br/PagesPublic/ResultadoBusca.aspx?contextmenu=busca spub>. Acesso em: 15 jul. 2011.

rabilidade e aproximar a comunidade da escola. O então secretário de Educação, Paulo Renato de Souza, comentou:

> O Sistema de Proteção Escolar é uma ferramenta essencial para melhorar a segurança nas nossas escolas e proporcionar um ambiente adequado para o desenvolvimento intelectual e social das crianças e dos jovens paulistas. Com a atuação dos professores-mediadores certamente reduziremos os casos de violência na rede de ensino estadual [...].[6]

Cabe recuperar uma pergunta: é a justiça irredutível ao direito? Uma escola com as relações escolares judicializadas é uma escola mais justa? A formalização das práticas de justiça leva a mais justiça? O professor justo é aquele que recebeu o título de professor mediador? Não é possível ser justo sem ter tido a capacitação?[7]

Citando a análise de Tibério (2011, p. 26) sobre a temática:

> Para garantir os direitos dos alunos, cria-se uma trama que torna perigosa a função de professor, para garantir o bem-estar de professores, os alunos tornam-se alvos de procedimentos punitivos "mais adequados", para garantir a "qualidade" da educação disseminam-se iniciativas de controle e vigilância sobre todos, o que tem tornado a vida no interior das escolas algo extremamente desgastante. De maneira mais direta, é como se o que tem visado promover o bem-estar venha produzindo mais mal-estar, e, isso é importante, não de forma contraditória, mas sim estratégica. Nesse sentido, podemos considerar que ao se buscar a garantia de justiça do ponto de vista de um segmento que compõe a escola, por meio da objetivação e normatização de certas condutas, se tem criado uma condição de fragilidade de outro segmento e assim incitado esse à demanda de garantias através do

---

[6] Disponível em: <http://www.fde.sp.gov.br/PagesPublic/Noticias.aspx?contextmenu=buscaspub&noticia=1780>. Acesso em: 15 jul. 2011.

[7] Além da dissertação de mestrado já citada que tratou sobre a judicialização das relações escolares e seu impacto sobre o professor, cabe mencionar uma tese de doutorado recentemente por mim orientada: *A justiça restaurativa, um desafio para a educação*, de Petronella Maria Boonen (2011). Outra referência para o debate é a tese de doutorado de Betina Schuler (2009): *Veredito. Escola, inclusão, justiça restaurativa e experiência de si, com uma visão muito crítica da experiência da justiça restaurativa nas escolas*.

EDUCAÇÃO E DIREITOS HUMANOS

mesmo mecanismo. É necessário proteger os alunos dos professores, é necessário proteger os professores dos alunos, é necessário proteger a escola de alunos e professores, no limite, é necessário proteger a sociedade. Busca por segurança que gera mais insegurança e reativa o circuito.

Analisando o livro *Justiça e Educação em Heliópolis e Guarulhos: parceria para a cidadania* (EDNIR, 2007), encontramos uma primeira sistematização dessas experiências de justiça e educação, com o recorte da justiça restaurativa. Este é um material muito rico e que será objeto de análise atenta, assim como as demais publicações e manuais sobre o tema da Fundação para o Desenvolvimento da Educação (FDE), da Secretaria Estadual da Educação de São Paulo (SEE).

Este material riquíssimo e atual que emoldura os contornos de uma maneira de pensar os direitos humanos e sua realização, com forte ênfase na sua formalização judiciária, será confrontado e analisado à luz do debate teórico já construído na primeira fase da pesquisa e com o material específico existente sobre as experiências de justiça restaurativa. Há teses recentes sobre o tema, que nos auxiliam a colocar o debate em seus termos mais opostos; alguns que apostam na comunicação não violenta e nas experiências de mediação e círculos restaurativos para uma superação das formas atuais da justiça (e punição) retributiva e na construção de uma sociedade mais justa e democrática; outros que criticam com veemência as experiências por criminalizarem práticas que anteriormente eram vistas como indiferentes ou objeto de tratamento pedagógico (no caso de acontecerem no ambiente escolar). Aguinsky e Capitão (2008) serão aqui citadas por trabalharem com o conceito da justiça restaurativa, afirmando valores como responsabilização, inclusão, participação e diálogo. Alternativa aos modelos vigentes?

O'Malley (2006) discute a relação entre novas configurações da restauração, justiça e risco. Compreende o risco como um conjunto de predições estatísticas e probabilísticas, uma tecnologia de previsão de danos futuros que, assim, é suscetível de tornar-se uma tecnologia governamental. Difere da incerteza, que se relaciona com a experiência, com os modos de elaborar prognósticos que permitem alguma previsão sobre futuros.

Ao contrário de vários autores que veem a justiça restaurativa como profundamente afastada da justiça baseada no risco, O'Malley chama a atenção para o fato de que a justiça restaurativa também está alinhada às formas de governo neoliberais, baseadas na prevenção do risco a partir da comunidade. Mesmo questionando a validade explicativa de algo tão vago quanto o "neoliberalismo", levanta algumas características dessa forma de governar que depois analisará, comparando-as com as formas de julgar e punir atuais. Associa-se a visões do sujeito como aquele guiado pelo *"rational choice"*, à superioridade dos mercados para distribuir bens e gerar eficiência, à liberdade de escolha, a uma autonomia otimizada do si-mesmo empreendedor, na centralidade da inovação e no individualismo empreendedor, no Estado pequeno e permissivo. Diferencia as ideias e visões amplas do neoliberalismo do que chama de conservadorismo socialmente autoritário, característico de uma nova direita (O'MALLEY, 2006, p. 226). Daí, formas de julgar e punir diferenciadas, com o contemporâneo se caracterizando por uma mistura de formas, assumindo uma feição híbrida, que percorre a justiça "atuarial", com seu forte componente de exclusão, à política de redução de danos, passando pela justiça restaurativa, com ênfase na inclusão.

Estaremos, assim, continuando a trabalhar nas tensões, na densidade do debate, superando, quem sabe, aquilo que aparece como óbvio ou evidente, exercitando a possibilidade de que nosso olhar seja mais livre (LARROSA, 2002) sobre as tramas da contemporaneidade, que inserem, na educação, de forma peculiar, os dilemas da sociedade do risco e da insegurança.

Sustentamos que essas práticas produzem efeitos, não apenas nos alunos, mas também nos professores e gestores escolares, modificando profundamente modos de se relacionar, possibilidades de educar, compreensões do que é uma escola.

Um novo caminho, que continua a problematização da justiça na escola, da escola justa, tentando abordar as novas configurações normatizadas da justiça.

Um novo caminho que continua o trabalho de problematização, aqui apresentado, sobre quem somos neste presente.

Referências

ABRAHAM, T. *La empresa de vivir*. Buenos Aires: Sudamericana, 2009.

_____ (Org.). *El último Foucault*. Buenos Aires: Sudamericana, 2003.

_____ (Org.). *Foucault y la ética*. Buenos Aires: Letra Buena, 1992.

ADORNO, T. A. Educação após Auschwitz. In: ADORNO, T. W. *Educação e emancipação*. Tradução Wolfgang Leo Maar. Rio de Janeiro: Paz e Terra, 1995. p. 119-138.

_____. *A gestão urbana do crime e da insegurança*: violência, crime e justiça penal na sociedade brasileira contemporânea. 1996. Tese (Livre-Docência) – Faculdade de Filosofia, Letras e Ciências Humanas, Universidade de São Paulo, São Paulo, 1996.

_____. História e desventura: o 3º Programa Nacional de Direitos Humanos. *Novos Estudos CEBRAP*, São Paulo, v. 3, p. 5-20, 2010.

_____. O social e a sociologia em uma era de incertezas. *Plural*, Revista de Sociologia da USP, São Paulo, n. 4, p. 1-27, 1 sem. 1997.

_____; PASINATO, W. A justiça no tempo, o tempo da justiça. *Tempo Social*, Revista da USP, São Paulo, v. 19, p. 131-155, 2007.

AGAMBEN, G. *Homo Sacer*: O poder soberano e a vida nua. Belo Horizonte: Ed. UFMG, 2002.

_____. *Infância e história*. Destruição da experiência e o fim da história. Belo Horizonte: Ed. UFMG, 2008.

_____. *Lo abierto*. Buenos Aires: Adriana Hidalgo, 2007.

_____. *O que é o contemporâneo*. Chapecó, SC: Argos, 2009.

AGUINSKY, B.; CAPITÃO, L. Violência e socioeducação: uma interpelação ética a partir de contribuições da Justiça Restaurativa. *Revista Katálysis*, Florianópolis, v. 11, n. 2, p. 257-264, 2008.

ANTELO, E. (Org.). *La escuela más allá del bien y del mal*. Ensayos sobre la transformación de los valores educativos. Santa Fe: AMSAFE, 2001.

_____. Qué quiere usted de mi? Lo incalculable en el oficio de enseñar. *Revista La educación en nuestras manos*, n. 72, Oct. 2004. Disponível em: <http://www.suteba.org.ar/revista-la-educacin-en-nuestras-manos-n-72-octubre-de-2004-1523.html>. Acesso em: 12 dez. 2011.

APPLE, M. *Educação e poder*. Porto Alegre: Artes Médicas, 1989.

AQUINO, J. G. A violência escolar e a crise da autoridade docente. *Cadernos Cedes*, Campinas, ano XIX, n. 47, p. 7-19, 1998.

_____. *Confrontos na sala de aula*: uma leitura institucional da relação professor-aluno. São Paulo: Summus, 1996.

_____. *Do cotidiano escolar*. Ensaios sobre a ética e seus avessos. São Paulo: Summus, 2000.

ARENDT, H. *A condição humana*. Rio de Janeiro: Forense Universitária, 1989.

_____. *Crises da República*. São Paulo: Perspectiva, 1973.

_____. *Entre o passado e o futuro*. São Paulo: Perspectiva, 1972.

_____. *Origens do totalitarismo*. Rio de Janeiro: Documentário, 1979.

_____. *Responsabilidade e julgamento*. São Paulo: Companhia das Letras, 2004.

ARTIÈRES, P. Arquivar a própria vida. *Revista Estudos Históricos*, Marília, v. 11, n. 21, 1998. Disponível em: <http://bibliotecadigital.fgv.br/ojs/index.php/reh/article/view/2061/1200>. Acesso em: 12 dez. 2011.

ASSMAR, E. M. L. A experiência da injustiça na vida diária: uma análise preliminar de três grupos sociais. *Psicologia:* reflexão e crítica, Porto Alegre, v. 10, n. 2, 1997. Disponível em: <http://www.redalyc.org/pdf/188/18810211.pdf>. Acesso em: 12 dez. 2011.

_____. A psicologia social e o estudo da justiça em diferentes níveis de análise. *Psicologia:* reflexão e crítica, Porto Alegre, v. 13, n. 3, p. 497-506, 2000.

BAITELLO JUNIOR, Norval. Imagem e violência: a perda do presente. *São Paulo em perspectiva*, São Paulo, v. 13, n. 3, p. 81-85, jul./set. 1999.

BARBOSA, L. *Igualdade e meritocracia*. A ética do desempenho nas sociedades modernas. Rio de Janeiro: FGV, 2003.

_____. Meritocracia à brasileira: o que é desempenho no Brasil. *RSP-Revista do Serviço Público*, Brasília, ano 47, v. 120, n. 3, p. 58-102, set./dez. 1996.

BAUMAN, Z. *Comunidade:* A busca por segurança no mundo atual. Rio de Janeiro: Jorge Zahar, 2003.

EDUCAÇÃO E DIREITOS HUMANOS   **133**

_____. *Em busca da política*. Rio de Janeiro: Jorge Zahar, 2000.

_____. *Modernidade e ambivalência*. Rio de Janeiro: Jorge Zahar, 1999.

_____. *Modernidade líquida*. Rio de Janeiro: Jorge Zahar, 2001.

_____. *O mal-estar da pós-modernidade*. Rio de Janeiro: Jorge Zahar, 1998.

BENEVIDES, M. V. *A cidadania ativa*. Referendo, plebiscito e iniciativa popular. São Paulo: Ática, 1998.

_____. Direitos políticos como direitos humanos. In: VENTURI, G. (Org.). *Direitos humanos*. Percepções da opinião pública. Análises de pesquisa nacional. Brasília: Secretaria de Direitos Humanos da Presidência da República, 2010.

BETTELHEIM, B. *Sobrevivência e outros estudos*. Porto Alegre: Artes Médicas, 1989.

BIAGGIO, A. M. B. Kohlberg e a "Comunidade Justa": promovendo o senso ético e a cidadania na escola. *Psicologia:* reflexão e crítica, Porto Alegre, v. 10, n. 1, p. 47-69, 1997.

BOONEN, P. M. *A justiça restaurativa, um desafio para a educação*. 2011. 247 f. Tese (Doutorado) – Faculdade de Educação, Universidade de São Paulo, São Paulo, 2011.

BOTO, C. A educação escolar como direito humano de três gerações: identidades e universalismos. In: SCHILLING, F. (Org.). *Direitos humanos e educação*: outras palavras, outras práticas. São Paulo: Cortez, 2005. p. 87-145.

BOURDIEU, P. A escola conservadora: as desigualdades frente à escola e à cultura. In: NOGUEIRA, M. A.; CATANI, A. (Org.). *Pierre Bourdieu*: escritos de educação. Petrópolis: Vozes, 2003. p. 39-64.

_____. *A miséria do mundo*. Petrópolis: Vozes, 1997.

_____. *Questões de sociologia*. Rio de Janeiro: Marco Zero, 1983.

BRASIL. Ministério da Justiça. Secretaria Nacional dos Direitos Humanos. *Relatório de Cidadania*. Os Jovens e os Direitos Humanos. Brasília, DF: Rede de Observatórios de Direitos Humanos/MJ/PNUD/NEV-USP/Sou da Paz, 2001.

_____. Ministério da Justiça. Secretaria Nacional dos Direitos Humanos. *Relatório de Cidadania II*. Os jovens e a educação. Brasília, DF: Rede de Observatórios de Direitos Humanos/MJ/PNUD/NEV-USP/Sou da Paz, 2002.

BRINBAUM, Y.; DURU-BELLAT, M. *La meritocratie, une ideologie partagée?* 2ème Congrès de l'AFS, Bourdeux, septembre 2006. Disponível em: <http://halshs.archives-ouvertes.fr/halshs-00101453/en>. Acesso em: 12 dez. 2011.

BUORO, A.; SCHILLING, F.; SINGER, H.; SOARES, M. *Violência urbana*: dilemas e desafios. São Paulo: Atual/Saraiva, 1999.

CANETTI, E. *Massa e poder*. São Paulo: Melhoramentos; Brasília: Ed. UnB, 1983.

CARBONE, R. A.; MENIN, M. S. de S. Injustiça na escola: representações sociais de alunos do ensino fundamental e médio. *Educação e Pesquisa*, São Paulo, v. 30, n. 2, p. 251-270, 2004.

CASTEL, R. As armadilhas da exclusão. In: CASTEL, R.; WANDERLEY, L. E; WANDERLEY-BELFIORE, M. *Desigualdade e a questão social*. São Paulo: Educ, 2008. p. 21-54.

_____. *La inseguridad social*: qué es estar protegido? Buenos Aires: Manantial, 2004.

CHAUI, M. *Conformismo e resistência*. 2. ed. São Paulo: Brasiliense, 1987.

_____. Explicações para a violência impedem que a violência real se torne compreensível. *Folha de S. Paulo*, São Paulo, 14 mar. 1999. Caderno Mais, p. 3-5.

_____. Senso comum e transparência. In: LERNER, J. (Ed.). *O preconceito*. São Paulo: Secretaria da Justiça e Defesa da Cidadania/Imprensa Oficial, 1996. p. 19-30.

CIARALLO, C. R. C. A.; ALMEIDA, A. M. O. Conflito entre práticas e leis: a adolescência no processo judicial. *Fractal, Rev. Psicol.*, Universidade Federal Fluminense, Niterói, v. 21, n. 3, p. 613-630, dez. 2009.

COMPARATO, F. K. *Rumo à justiça*. São Paulo: Saraiva, 2010.

COURTINE, J-J. Os Stakhonovistas do narcisismo. *Body-building* e puritanismo ostentatório na cultura americana do corpo. In: SANT'ANNA, D. (Org.). *Políticas do corpo*. São Paulo: Estação Liberdade, 1995. p. 81-114.

CRAHAY, M. *Poderá a escola ser justa e eficaz?* Da igualdade das oportunidades à igualdade dos conhecimentos. São Paulo: Instituto Piaget, 2002.

DEACON, R.; PARKER, B. Educação como sujeição e como recusa. In: SILVA, T. T. da (Org.). *O sujeito da educação*. Estudos foucaultianos. Petrópolis: Vozes, 2002. p. 97-110.

DELEUZE, G. *Conversações*. São Paulo: Ed. 34, 2006.

DELL'AGLIO, D. D.; HUTZ, C. S. Padrões evolutivos na utilização dos princípios de justiça distributiva em crianças e adolescentes no sul do Brasil. *Psicologia*: reflexão e crítica, Porto Alegre, v. 14, n. 1, p. 97-106, 2001.

DERRIDA, J. *Estados del ánimo del psicanálisis*. Lo imposible más allá de la soberana crueldad. Buenos Aires: Paidós, 2010.

_____. *Força de Lei*. São Paulo: Martins Fontes, 2007.

_____. La democracia es una promesa. Entrevista de Elena Fernandez con Jacques Derrida. *Jornal de Letras, Artes e Ideias*, p. 9-10, 12 oct. 1994. Edición digital de Derrida en castellano. Disponível em: <http://www.jacquesderrida.com.ar/textos/democracia.htm>. Acesso em: 18 set. 2011.

_____. *Mal de arquivo*. Rio de Janeiro: Relume Dumará, 2001.

_____. O perdão, a verdade, a reconciliação: qual gênero? In: NASCIMENTO, E. (Org.). *Jacques Derrida*: pensar a desconstrução. São Paulo: Estação Liberdade, 2005. p. 45-94.

_____. *Sobre la hospitalidad*. 1997. Disponível em: <http://www.jacquesderrida.com.ar/textos/hospitalidad.htm>. Acesso em: 18 set. 2011.

_____. *Torres de Babel*. Belo Horizonte: Ed. UFMG, 2006.

DUBET, F. Democratização escolar e justiça da escola. *Revista Educação*, Santa Maria, v. 33, n. 3, p. 381-394, set./dez. 2008a. Disponível em: <http://cascavel.ufsm.br/revistas/ojs-2.2.2/index.php/reveducacao/article/view/1614>. Acesso em: 15 jul. 2011.

_____. *Injustices*: l'experience des inégalités au travail. Paris: Du Seuil, 2006.

_____. *O que é uma escola justa*: A escola das oportunidades. São Paulo: Cortez, 2008b.

_____. O que é uma escola justa? *Cadernos de Pesquisa*, São Paulo, v. 34, n. 123, p. 539-555, set./dez. 2004.

_____; MARTUCCELLI, D. A socialização e a formação escolar. *Lua Nova:* Revista de Cultura e Política, São Paulo, n. 40/41, p. 241-266, jul./dez. 1997.

DURKHEIM, É. *A divisão do trabalho social*. Lisboa: Presença, 1977.

DURU-BELLAT, M. Amplitude e aspectos peculiares das desigualdades sociais na escola francesa. *Educação e Pesquisa*, São Paulo, v. 31, n. 1, p. 13-30, jan./abr. 2005.

_____. La discrimination positive e l'égalité des chances. *Publié dans laviedesidées*, Paris, p. 1-7, le 30 mai 2011.

_____. *L'Inflation scolaire*. Les désillusions de la méritocracie. Paris: Seuil, 2006.

DUSCHATZKY, S.; SKLIAR, C. O nome dos outros. Narrando a alteridade na cultura e na educação. In: LARROSA, J.; SKLIAR, C. (Org.). *Habitantes de Babel*. Políticas e Poéticas da diferença. Belo Horizonte: Autêntica, 2001. p. 119-138.

DUSSEL, I.; CARUSO, M. *A invenção da sala de aula*. Uma genealogia das formas de ensinar. São Paulo: Moderna, 2003.

DWORKIN, R. *Levando os direitos a sério*. São Paulo: Martins Fontes, 2010.

EDNIR, M. (Org.). *Justiça e educação em Heliópolis e Guarulhos*: parceria para a cidadania. São Paulo: Cecip, 2007.

ELIAS, N. *A sociedade dos indivíduos*. Rio de Janeiro: Jorge Zahar, 1994.

_____. *O processo civilizador*: uma história dos costumes. Rio de Janeiro: Jorge Zahar, 1990.

_____; SCOTSON, J. *Os estabelecidos e os outsiders*. Sociologia das relações de poder a partir de uma pequena comunidade. Rio de Janeiro: Jorge Zahar, 2000.

ESTÊVÃO, C. A. V. Educação, justiça e direitos humanos. *Educação e Pesquisa*, São Paulo, v. 32, n. 1, p. 85-101, jan./abr. 2006.

_____. Justiça complexa e educação. Uma reflexão sobre a dialectologia da justiça em educação. *Revista Crítica de Ciências Sociais*, Lisboa, n. 64, p. 107-134, dez. 2002.

EWALD, F. *Foucault, a norma e o direito*. Lisboa: Vega, 1993.

EWALD, F.; GOULLIER, C.; DE SANDLEER, N. *Le principe de precaution*. Que sais-je? Paris: PUF, 2001.

FERRE, N. P. de L. Identidade, diferença e diversidade: manter viva a pergunta. In: LARROSA, J.; SKLIAR, C. (Org.). *Habitantes de Babel*. Políticas e Poéticas da diferença. Belo Horizonte: Autêntica, 2001. p. 195-214.

FERREIRA, A. B. de H. *Novo dicionário da língua portuguesa*. Rio de Janeiro: Nova Fronteira, 1987.

FERREIRA, M. C. et al. Individualismo e coletivismo, percepções de justiça e comprometimento em organizações latino-americanas. *Revista Interamericana de Psicologia/Interamerican Journal of Psychology*, Porto Alegre, v. 40, n. 1, p. 13-24, 2006.

FONSECA, M. A. da. Entre monstros, onanistas e incorrigíveis. As noções do normal e do anormal nos cursos de M. Foucault no Collège de France. In: RAGO, M. et al. (Org.). *Imagens de Foucault e Deleuze, ressonâncias nietzschianas*. Rio de Janeiro: DP&A, 2002. p. 239-254.

_____. *Michel Foucault e a constituição do sujeito*. São Paulo: EDUC, 2007.

_____. *Michel Foucault e o direito*. São Paulo: Max Limonad, 2002.

FOUCAULT, M. *A ordem do discurso*. São Paulo: Loyola, 2002a.

_____. A palavra nua de Foucault. *Folha de S. Paulo*, São Paulo, 21 nov. 2004. Disponível em: <http://www1.folha.uol.com.br/fsp/mais/fs2111200424.htm>. Acesso em: 15 jan. 2007.

EDUCAÇÃO E DIREITOS HUMANOS

_____. *As palavras e as coisas*. São Paulo: Martins Fontes, 1985a.

_____. *A verdade e as formas jurídicas*. Rio de Janeiro: Nau/PUC-RJ, 2005a.

_____. *Ditos e escritos*. Arqueologia das ciências e história dos sistemas de pensamento. Rio de Janeiro: Forense Universitária, 2005b. v. II.

_____. *Em defesa da sociedade*. São Paulo: Martins Fontes, 2002b.

_____. *História da sexualidade*. A vontade de saber. Rio de Janeiro: Graal, 1985b. v. I.

_____. *Microfísica do poder*. Rio de Janeiro: Graal, 1979.

_____. *Nascimento da biopolítica*. São Paulo: Martins Fontes, 2008a.

_____. *O governo de si e dos outros*. São Paulo: Martins Fontes, 2010.

_____. O que é a crítica? *Cadernos da FFC*: Revista da Faculdade de Filosofia e Ciências da Unesp, Marília, v. 9, n. 1, p. 169-189, 2000a.

_____. O que são as luzes? In: _____. *Ditos e escritos*: arqueologia das ciências e história dos sistemas de pensamento. Rio de Janeiro: Forense Universitária, 2000b. v. II, p. 335-351.

_____. *Os anormais*. São Paulo: Martins Fontes, 2002c.

_____. O sujeito e o poder. In: RABINOW, P.; DREYFUS, H. *Michel Foucault*. Uma trajetória filosófica. Para além do estruturalismo e da hermenêutica. São Paulo: Forense Universitária, 1995. p. 231-249.

_____. *Segurança, território, população*. São Paulo: Martins Fontes, 2008b.

_____. *Vigiar e punir*. Petrópolis: Vozes, 1984.

FRANCO, M. S. C. *Homens livres na ordem escravocrata*. 3. ed. São Paulo: Kairós, 1983.

FRASER, N. *Escalas de Justiça*. Barcelona: Herder, 2008.

_____. Reconhecimento sem ética? *Lua Nova*: Revista de Cultura e Política do Cedec, São Paulo, n. 70, p. 101-138, 2007.

FREIRE, J. *Engajamento, gramáticas políticas e regimes de ação coletiva*: as arenas públicas de Nova Iguaçu (estado do Rio de Janeiro). Trabalho apresentado na VIII Reunião de Antropologia do Mercosul (RAM), Buenos Aires, 2009.

_____. Sociologia pragmatista, operações críticas e democracia: percepções de justiça e competências de liderança em Nova Iguaçu (RJ). In: SEMINÁRIO NACIONAL MOVIMENTOS SOCIAIS, PARTICIPAÇÃO E DEMOCRACIA, 2., 25 a 27 abr. 2007, Florianópolis, Brasil. *Anais...* Florianópolis: UFSC, 2007. Disponível em: <http://www.sociologia.ufsc.br/npms/jussara_freire.pdf>. Acesso em: 15 dez. 2011.

FRY, P.; MAGGIE, Y.; GRIN, M. *Percepções de desigualdade, equidade e justiça social no ensino superior*: o caso da UFRJ. Projeto Observa. Primeiro Relatório Geral. Rio de Janeiro: UFRJ, dez. 2005. Disponível em: <http://www.observa.ifcs.ufrj.br/index.htm>. Acesso em: 16 ago. 2011.

GONZALEZ SERRANO, A. *Michel Foucault*: sujeto, derecho, poder. Zaragoza: Prensas Universitárias de Zaragoza, 1987.

HELLER, A. *Além da justiça*. Rio de Janeiro: Civilização Brasileira, 1998.

_____; FEHÉR, F. *Biopolítica*. La modernidad y la liberación del cuerpo. Barcelona: Península, 1995.

HENNING, L. M. P.; ABBUD, M. L. M. (Org.). *Violência, indisciplina e educação*. Londrina: Eduel, 2010.

HONNETH, A. *Luta por reconhecimento*. A gramática moral dos conflitos sociais. São Paulo: Editora 34, 2003.

HOUAISS, A. *Dicionário Houaiss da língua portuguesa*. São Paulo: Objetiva, 2002.

IANNI, O. A sociologia e o mundo moderno. *Tempo Social*, Revista de Sociologia da USP, São Paulo, v. 1, n. 1, p. 7-27, 1989.

_____. A sociologia numa época de globalismo. In: DAGNINO, A. (Org.). *A sociologia no horizonte do século XXI*. São Paulo: Boitempo, 1997. p. 20-37.

IGLESIAS, F.; GÜNTHER, H. Normas, justiça, atribuição e poder: uma revisão e agenda de pesquisa sobre filas de espera. *Estudos de Psicologia*, Campinas, v. 12, n. 1, p. 3-11, 2007.

KEHL, M. R. Direitos Humanos: a melhor tradição da modernidade. In: VENTURI, Gustavo (Org.). *Direitos Humanos*. Percepções da opinião pública. Análises de pesquisa nacional. Brasília, DF: Secretaria de Direitos Humanos da Presidência da República, 2010. p. 33-32.

KOURILSKY, P.; VINEY, G. Le principe de Précaution. Editions Odile Jacob. La documentation française. *Revista de Direito Sanitário*, Paris, v. 2, n. 1, p. 148-152, mar. 2001.

LARROSA, J. A operação ensaio: sobre o ensaiar-se no pensamento, na escrita e na vida. *Educação & Realidade*, Porto Alegre, v. 29, n. 1, p. 27-45, jan./jun. 2004.

_____. Dar a palavra. Notas para uma dialógica da transmissão. In: LARROSA, J.; SKLIAR, C. (Org.). *Habitantes de Babel*. Políticas e poéticas da diferença. Belo Horizonte: Autêntica, 2001. p. 281-296.

_____. Sujetos e identidades en Filosofia. La travesía del sujeto moderno. In: REUNIÃO ANUAL DA ASSOCIAÇÃO NACIONAL DE PESQUISA E PÓS-GRADUAÇÃO EM EDUCAÇÃO – ANPED, 24., 2001, Caxambu. *Anais...* Caxambu: ANPEd, 2001. CD-ROM.

EDUCAÇÃO E DIREITOS HUMANOS

139

_____. Tecnologias do eu e educação. In: SILVA, T. T. (Org.). *O sujeito da educação*. Estudos foucaultianos. Petrópolis: Vozes, 2002. p. 35-86.

_____; SKLIAR, C. Babilônios somos. A modo de apresentação. LARROSA, J.; SKLIAR, C. (Org.). *Habitantes de Babel*. Políticas e poéticas da diferença. Belo Horizonte: Autêntica, 2001. p. 7-30.

LA TAILLE, Y. de. A importância da generosidade no início da gênese da moralidade na criança. *Psicologia*: reflexão e crítica, Porto Alegre, v. 19, n. 1, p. 9-17, 2006.

LEÃO, G. M. P. Experiências de desigualdade: os sentidos da escolarização elaborados por jovens pobres. *Educação e Pesquisa*, São Paulo, v. 32, n. 1, p. 32-48, jan./abr. 2006.

LEVINAS, E. *Entre nós*. Ensaios sobre a alteridade. Petrópolis: Vozes, 1997.

LOPES, J. R. de L. Justiça e poder judiciário ou a virtude confronta a instituição. Dossiê Judiciário. *Revista da USP*, São Paulo, n. 21, p. 24-37, mar./maio 1994.

MAINARDES, J.; MARCONDES, M. I. Entrevista com Stephen J. Ball: um diálogo sobre justiça social, pesquisa e política educacional. *Educação e Sociedade*, Campinas, v. 30, n. 106, p. 303-318, 2009.

MARCONDES, M. I. Justiça social e formação de professores. *Educação e Sociedade*, Campinas, v. 29, n. 105, p. 1.250-1.254, 2008.

MARKO, G. *O que é uma escola justa?* Um estudo sobre a percepção de professores. São Paulo: FEUSP, 2010 (IC).

MARTINS, J. S. *A sociabilidade do homem simples*. São Paulo: Hucitec, 2000.

_____. *A sociedade vista do abismo*. Novos estudos sobre exclusão, pobreza e classes sociais. Petrópolis: Vozes, 2002.

MENDONÇA, H.; MENDES, A. M. Experiências de injustiça, sofrimento e retaliação no contexto de uma organização pública do Estado de Goiás. *Psicologia em Estudo*, Maringá, v. 10, n. 3, p. 489-498, set./dez. 2005.

MENIN, M. S. de S. Representações sociais de justiça em adolescentes infratores: discutindo novas possibilidades de pesquisa. *Psicologia*: reflexão e crítica, Porto Alegre, v. 13, n. 1, p. 59-71, 2000.

_____ et al. Representações de estudantes universitários sobre alunos cotistas: confronto de valores. *Educação e Pesquisa*, São Paulo, v. 34, n. 2, p. 255-272, 2008.

MESA, J. A. Tendencias actuales en la educación moral. *Revista Latinoamericana de Ciencias Sociales, Niñez y Juventud*, v. 2, n. 1, jan./jun. 2004. Disponível em: <http://revistaumanizales.cinde.org.co/index.php/Revista-Latinoamericana/article/view/322>. Acesso em: 15 jun. 2011.

MEURET, D. *Comment um système éducatif peut-il devenir plus juste?* La féderation des métiers de l'éducation: UNSA Education, 21 abr. 2005. Disponível em: <http://www2.unsa-education.org/modules.php?name=News&file=article&sid=250>. Acesso em: 15 jun. 2011.

MIRAGLIA, P. Aprendendo a lição: uma etnografia das Varas Especiais da Infância e da Juventude. *Novos Estudos Cebrap*, São Paulo, n. 72, p. 79-98, 2005.

MOEHLECKE, S. Ação afirmativa no ensino superior: entre a excelência e a justiça racial. *Educação e Sociedade*, Campinas, v. 25, n. 88, p. 757-776, 2004.

MOORE JÚNIOR, B. *Injustiça*. As bases sociais da obediência e da revolta. São Paulo: Brasiliense, 1987.

MOREY, M. Prefácio. In: FOUCAULT, M. *Tecnologías del yo*. Buenos Aires: Paidós, 2008. p. 13-20.

NEVES, P. S. C.; LIMA, M. E. O. Percepções de justiça social e atitudes de estudantes pré-vestibulandos e universitários sobre as cotas para negros e pardos nas universidades públicas. *Revista Brasileira de Educação*, Brasília, v. 12, n. 34, p. 17-38, 2007.

OLIVEIRA, I. I. de M. C.; PAVEZ, G. A.; SCHILLING, F. (Org.). *Reflexões sobre justiça e violência*. São Paulo: Educ/Imprensa Oficial, 2002.

ONU. *Declaração Universal dos Direitos Humanos*. Adotada e proclamada pela Assembleia Geral das Nações Unidas na sua resolução 217A (III), de 10 de dezembro de 1948. Disponível em: <http://portal.mj.gov.br/sedh/ct/legis_intern/ddh_bib_inter_universal.htm>. Acesso em: 20 jan. 2012.

O'MALLEY, P. *Riesgo, neoliberalismo y justicia penal*. Buenos Aires: Ad-Hoc, 2006.

PATTO, M. H. S. Escolas cheias, cadeias vazias. Nota sobre as raízes ideológicas do pensamento educacional brasileiro. *Estudos Avançados*, São Paulo, v. 21, n. 61, p. 243-266, set./dez. 2007.

PENIDO, E. de A. *Justiça e educação*: parceria para a cidadania em Heliópolis/SP: a imprescindibilidade entre Justiça Restaurativa e Educação. Postado em 2 fev. 2009. Disponível em: <http://convivenciaepaz.org.br/wp-content/uploads/2009/02/texto-egberto1.pdf>. Acesso em: 16 jun. 2011.

PORTO, R. G. *O princípio da precaução como fundamento dos direitos difusos e coletivos*. ABDIR, 2007. Disponível em: <http://www.abdir.com.br/doutrina/ver.asp?art_id=992&categoria=Difusos>. Acesso em: 25 fev. 2011.

PRADO JÚNIOR, B. A educação depois de 1968, ou cem anos de ilusão. In: _____. *Descaminhos da educação pós-68*. São Paulo: Brasiliense, 1980. (Debate, 8). p. 9-30.

RANCIÈRE, Jacques. *O desentendimento*. São Paulo: Ed. 34, 1996.

EDUCAÇÃO E DIREITOS HUMANOS

_____. O princípio da insegurança. *Folha de S. Paulo*, São Paulo, 21 set. 2003. Caderno Mais!, p. 3.

RAWLS, J. *Justiça e democracia*. São Paulo: Martins Fontes, 2002.

REGO, A. Percepções de justiça: estudos de dimensionalização com professores do ensino superior. *Psicologia:* teoria e pesquisa, Brasília, v. 17, n. 2, p. 119-131, 2001.

RIBEIRO, R. J. *A sociedade contra o social*. O alto custo da vida pública no Brasil. São Paulo: Companhia das Letras, 2000.

RICOEUR, P. *O justo*. São Paulo: Martins Fontes, 2008.

ROCHA, R. L. de M. Uma cultura da violência na cidade? Rupturas, estetizações e reordenações. *São Paulo em perspectiva*, São Paulo, v. 13, n. 3, p. 85-94, jul./set. 1999.

RODRIGUES, H. F. *Sintoma social dominante e moralização infantil*: Um estudo sobre a Educação Moral em Émile Durkheim. São Paulo: Escuta/Edusp, 1994.

ROSS, W. E.; VINSON, K. D. A justiça social exige uma revolução do quotidiano. *Currículo sem Fronteiras*, Rio Grande do Sul, v. 5, n. 2, p. 65-78, jul./dez. 2005.

ROUDINESCO, E. *Filósofos na tormenta*. Rio de Janeiro: Zahar, 2007.

_____. *O paciente, o terapeuta e o Estado*. Rio de Janeiro: Zahar, 2005.

SAFFIOTI, H. Já se mete a colher em briga de marido e mulher. *São Paulo em Perspectiva*, São Paulo, v. 13, n. 4, p. 82-91, out./dez. 1999.

SALES, E. da M. B. de. O conceito de justiça distributiva relacionado às normas sociais escolares. *Psicologia:* reflexão e crítica, Porto Alegre, v. 13, n. 1, p. 49-58, 2000.

SALLA, F. A retomada do encarceramento, as masmorras *high tech* e a atualidade do pensamento de Michel Foucault. *Cadernos da FFC*: Revista da Faculdade de Filosofia e Ciências da Unesp, Marília, v. 9, n. 1, p. 35-58, 2000.

SAMPAIO, L. R. et al. Justiça distributiva e empatia em adolescentes do Nordeste Brasileiro. *Psicologia:* reflexão e crítica, Porto Alegre, v. 21, n. 2, p. 275-282, 2008.

_____; CAMINO, C. P. S.; ROAZZI, A. Justiça distributiva em crianças de 5 a 10 anos de idade. *Psicologia:* reflexão e crítica, Porto Alegre, v. 20, n. 2, p. 197-204, 2007.

SANDE, P. M. *Noção aberta, dinâmica e justa de "cultura escolar"*. Lisboa: Instituto de Estudos de Literatura Tradicional, nov. 2007.

SANTOS, B. S. *A crítica da razão indolente*: contra o desperdício da experiência. São Paulo: Cortez, 2001.

_____. *Pela mão de Alice*. O social e o político na pós-modernidade. São Paulo: Cortez, 1995.

_____; MARQUES, M. M. L.; PEDROSO, J. Os Tribunais nas Sociedades Contemporâneas. *Revista Brasileira de Ciências Sociais*, São Paulo, n. 30, p. 29-62, 1996.

SANTOS, F. El riesgo de pensar. In: ABRAHAM, T. (Org.). *El último Foucault*. Buenos Aires: Sudamericana, 2003. p. 30-45.

SANTOS, J. V. T. dos. A violência na escola: conflitualidade social e ações civilizatórias. *Educação e Pesquisa*, São Paulo, v. 27, n. 1, p. 105-122, jan./jun. 2001.

_____ (Org.). *Violências no tempo da globalização*. São Paulo: Hucitec, 1999.

SCALON, C. Justiça como igualdade? A percepção da elite e do povo brasileiro. *Sociologias*, Porto Alegre, ano 9, n. 18, p. 126-149, jun./dez. 2007.

SCHILLING, F. A discriminação de gênero e as diversas formas da violência contra a mulher. In: MORAES, Q. de; LYGIA, M. L.; NAVES, R. (Org.). *Advocacia probono em defesa da mulher vítima de violência*. São Paulo: Ed. Unicamp/Imprensa Oficial, 2002a. p. 57-67.

_____. A multidimensionalidade da violência. In: CARVALHO, J. S. F. de (Org.). *Educação, cidadania e direitos humanos*. Petrópolis: Vozes, 2004a. p. 209-224.

_____. As formas de contestação juvenil. In: SIMPÓSIO INTERNACIONAL DO ADOLESCENTE, 1. Mesa: Cultura e Arte Popular. Maio 2005, São Paulo. *Anais...* São Paulo: Faculdade de Educação da USP, 2005a. Disponível em: <http://www.proceedings.scielo.br/scielo.php?pid=MSC00000000820050001000027&script=sci_arttext>. Acesso em: junho de 2011.

_____. *A sociedade da insegurança e a violência na escola*. São Paulo: Moderna, 2004b.

_____. A sociologia na modernidade radical: quem tem medo da incerteza? *Revista da USP*, São Paulo, n. 54, p. 187-192, jul./ago. 2002b.

_____ (Org.). *Direitos Humanos e Educação*: outras palavras, outras práticas. São Paulo: Cortez, 2005b.

_____. Educação em direitos humanos: reflexões sobre o poder, a violência e a autoridade na escola. In: PUPPIM, A. S.; CYMBALISTA, C.; BOONEN, P. M. *30 anos de luta por direitos humanos*. São Paulo: CDHEP, 2011a. p. 13-32.

_____. Educação em direitos humanos: reflexões sobre o poder, a violência e a autoridade na escola. *Universitas Psychologica*, Bogotá, Colombia, v. 7, n. 31, p. 685-694, sept.-dic. 2008a.

_____. Ética, promessas. In: COLÓQUIO DO LEPSI, 3., Psicanálise, Infância, Educação, 2002, São Paulo. *Anais...* São Paulo: FEUSP/IP, 2002c. p. 18-24.

EDUCAÇÃO E DIREITOS HUMANOS

143

———. Eu, nós, eles: questões sobre a violência fatal. *Correio da APPOA*, Porto Alegre, ano XI, n. 126, p. 29-34, jul. 2004d.

———. Inclusão/exclusão, dentro/fora: reflexões sobre a construção da ordem. In: ONOFRE, E. G.; SOUZA, M. L. G. de (Org.). *Tecendo os fios da inclusão, caminhos do saber e do saber fazer*. João Pessoa, PB: Ed. UFPB, 2008b. p. 15-30.

———. Marx e Foucault: um estudo sobre o papel da violência, das leis, do Estado e das normas na construção do operário disciplinado. *Plural*, Revista de Sociologia da USP, São Paulo, n. 4, p. 42-60, 1997.

———. O direito à educação: um longo caminho. In: BITTAR, E. C. B. (Org.). *Educação e metodologia para os direitos humanos*. São Paulo: Quartier Latin, 2008c. p. 273-284.

———. O Estado do mal-estar: corrupção e violência. *São Paulo em Perspectiva*, São Paulo, v. 13, n. 3, p. 47-55, jul./set. 1999.

———. Prefácio. In: FERRAZ, A. (Coord.). *Violência nas escolas*: uma visão dos delegados da Apeoesp. Pesquisa Dieese/Apeoesp. São Paulo: Apeoesp, 2007a.

———. Quem sabe? Reflexões sobre a possibilidade de uma escola justa. In: RODRIGUES, E.; ROSÍN, S. M. *Pesquisa em educação*. A diversidade do campo. Curitiba: Instituto Memória/Juruá, 2008d. p. 17-26.

———. Violência-emergência: um cenário de confrontos. *Perspectivas*, Revista de Ciências Sociais da Universidade Estadual Paulista, São Paulo, v. 31, p. 13-29, jan./jun. 2007b.

———. Violência e escolas: violência nas escolas. In: BERTUSSI, G.; OURIQUES, N. (Org.). *Anuário Educativo Brasileiro*. Visão retrospectiva. São Paulo: Cortez/UFSC/FAPESC/IELA/PNUD, 2011b.

———. Violência na escola. In: WESTPHAL, M.; BYDLOSWSKI, C. R. (Org.). *Violência & Juventude*. São Paulo: Hucitec, 2010a. p. 219-233.

———. Violência na escola: reflexões sobre justiça, igualdade e diferença. In: HENNING, L. M. P.; ABBUD, M. L. M. (Org.). *Violência, indisciplina e educação*. Londrina: Eduel, 2010b. p. 127-138.

SCHMIDTZ, D. *Os elementos da Justiça*. São Paulo: Martins Fontes, 2009.

SCHULER, B. *Veredito*. Escola, inclusão, justiça restaurativa e experiência de si. 2009. Tese (Doutorado) – Faculdade de Educação, Pontifícia Universidade Católica do Rio Grande do Sul, Porto Alegre, 2009.

SHIMIZU, A. de M.; MENIN, M. S. de S. Representações sociais de lei, justiça e injustiça: uma pesquisa com jovens argentinos e brasileiros utilizando a técnica de evocação livre de palavras. *Estudos de Psicologia*, Natal, v. 9, n. 2, p. 239-247, 2004.

SILVA, T. D. da. Globalização e direito penal brasileiro: acomodação ou indiferença? *Revista IBCCrim*, São Paulo, v. 23, n. 23, p. 81-96, jul./set. 1998.

SINGER, H. *Discursos desconcertados*. Linchamentos, punições e direitos humanos. São Paulo: Humanitas/Fapesp, 2003.

SKLIAR, C. Alteridades y pedagogías. Y si el otro no estuviera ahí?. *Educação e Sociedade – Dossiê "Diferenças"*, Revista Quadrimestral de Ciência da Educação, Cedes, Unicamp, ano 23, n. 79, p. 85-124, ago. 2002.

_____. *Pedagogia (improvável) da diferença. E se o outro não estivesse aí?* Rio de Janeiro: DP&A, 2003.

SLAKMON, C.; MACHADO, M. R.; BOTTINI, P. C. (Org.). *Novas direções na governança da justiça e da segurança*. Brasília, DF: Ministério da Justiça, 2006.

SLOTERDIJK, P. *Derrida, um egípcio*. São Paulo: Estação Liberdade, 2009.

SOUZA, L. de et al. Direitos Humanos e representação de justiça. *Psicologia:* reflexão e crítica, Porto Alegre, v. 11, n. 3, p. 497-510, 1998.

SOUZA, L. A. F. de. Tendências atuais na área de segurança pública e de polícia: revisitar Foucault ou uma nova sociedade de controle? *Cadernos da FCC*: Revista da Faculdade de Filosofia e Ciências da Unesp, Marília, v. 9, n. 1, p. 59-80, 2000.

SOUZA, R. M. de; GALLO, S. Por que matamos o barbeiro? Reflexões preliminares sobre a paradoxal exclusão do outro. *Educação e Sociedade – Dossiê "Diferenças"*: Revista Quadrimestral de Ciência da Educação, Cedes, Unicamp, ano 23, n. 79, p. 39-64, ago. 2002.

SOUZA, V. V. de. *Direitos humanos, justiça e violência*: o debate acadêmico sobre o tema. São Paulo: FEUSP, 2010. (IC).

SPOSITO, M. P. A instituição escolar e a violência. *Cadernos de Pesquisa*: revista de estudos e pesquisa em educação da Fundação Carlos Chagas, São Paulo, n. 104, p. 58-75, jul. 1998.

_____. Um breve balanço da pesquisa sobre violência escolar no Brasil. *Educação e Pesquisa*, São Paulo, v. 27, n. 1, p. 87-103, jan./jun. 2001.

TIBÉRIO, W. *A judicialização das relações escolares*: um estudo sobre a produção de professores. 2011. Dissertação (Mestrado) – Faculdade de Educação, Universidade de São Paulo, São Paulo, 2011. Orientação: Flávia Inês Schilling.

VALDIVIESO, P. Capital social, crisis de la democracia y educación ciudadana: la experiencia chilena. *Lua Nova*, Revista de Sociologia e Política, São Paulo, n. 21, p. 13-34, 2003.

VALLE, I. R.; RUSCHEL, E. A meritocracia na política educacional brasileira (1930-2000). *Revista Portuguesa de Educação*, Universidade do Minho, Portugal, ano 22, n. 1, p. 179-206, 2009.

VARELA, J. O Estatuto do saber pedagógico. In: SILVA, T. T. da (Org.). *O sujeito da educação*. Estudos foucaultianos. Petrópolis: Vozes, 2002. p. 87-97.

VEIGA-NETO, A. Dominação, violência, poder e educação escolar nos tempos do Império. In: RAGO, M.; VEIGA-NETO, A. (Org.). *Figuras de Foucault*. Belo Horizonte: Autêntica, 2006. p. 13-38.

_____. Incluir para excluir. In: LARROSA, J.; SKLIAR, C. (Org.). *Habitantes de Babel*. Políticas e Poéticas da diferença. Belo Horizonte: Autêntica, 2001. p. 105-118.

VENTURI, G. (Org.). Direitos Humanos. Percepções da opinião pública. *Análises de pesquisa nacional*. Brasília, DF: Unesco/SDH, 2010.

WACQUANT, L. *As prisões da miséria*. Rio de Janeiro: Jorge Zahar, 2001a.

_____. *Os condenados da cidade*. Rio de Janeiro: Revan/UFRJ-Fase, 2001b.

WELLER, W.; SILVEIRA, M. Ações afirmativas no sistema educacional: trajetórias de jovens negras da universidade de Brasília. *Revista de Estudos Feministas*, Florianópolis, v. 16, n. 3, p. 931-947, 2008.

WISZFLOG, W. (Ed.). *Michaelis*: Moderno Dicionário da Língua Portuguesa. São Paulo: Melhoramentos, 2007. Disponível em: <http://michaelis.uol.com.br/moderno/portugues/index.php? typePag=creditos&languageText=portugues--portugues>. Acesso em: 21 jan. 2008.

Anexos

Anexo A – Questionário Pedagogia

Questionário piloto – Alunos de Pedagogia da FE-USP

✓ Sexo: ( ) F ( ) M Idade: _____
✓ Trabalha: ( ) Não ( ) Sim
  Se sim, com educação? ( ) Não ( ) Sim

✓ Cursou o ensino fundamental e médio:
  ( ) Apenas em escola pública
  ( ) Apenas em escola particular
  ( ) Parte em escola pública, parte em particular

✓ Faça um breve relato sobre uma situação reconhecida por você como justa ou injusta. Diga onde, com quem, circunstâncias, resultado.

✓ Faça um breve relato sobre uma situação reconhecida por você como justa ou injusta no ambiente escolar. Diga onde, com quem, circunstâncias, resultado.

✓ Enumere de 1 a 5 os princípios abaixo de acordo com sua relevância para uma possível escola justa, em que 1 representa maior relevância e 5 menor relevância.

Basear-se estritamente no mérito, premiando os esforços individuais.	
Compensar as desigualdades sociais, dando mais aos que têm menos, a partir de ações afirmativas.	
Garantir a todos os alunos um mínimo de conhecimentos e competências.	
Preocupar-se principalmente com a integração de todos os alunos na sociedade e com a utilidade de sua formação.	
Permitir que cada um desenvolva seus talentos específicos, independentemente de seu desempenho escolar.	

EDUCAÇÃO E DIREITOS HUMANOS

Anexo B – *Survey* para alunos(as)

Questionário para alunos – ENSINO MÉDIO

Prezados(as) alunos(as): estamos realizando uma pesquisa de Iniciação Científica na Faculdade de Educação da Universidade de São Paulo, "Percepções sobre Justiça", sob orientação da Profa. Flávia Schilling. Pedimos sua colaboração respondendo a esse questionário. Sua participação é voluntária e as respostas serão usadas para fins de pesquisa, sendo garantido seu anonimato e privacidade. Agradecemos sua participação!

Gabriela Marko/Flávia Schilling (oak1@uol.com.br)

✓ Sexo: ( ) F ( ) M Idade: _____

✓ Faça um breve relato sobre uma situação reconhecida por você como justa ou injusta em qualquer lugar. Diga onde aconteceu, quem envolveu, quais foram as circunstâncias, qual foi o resultado e explicite se trata-se de uma situação justa ou injusta.

✓ Faça um breve relato sobre uma situação reconhecida por você como justa ou injusta no ambiente escolar. Diga onde aconteceu, com quem, circunstâncias, resultado e se é justa ou injusta.

✓ O que seria uma escola justa para você?

Anexo C – *Survey* para profissionais

Questionário para profissionais

Professores(as), Coordenadores(as), Diretor(a), Funcionários(as)

Prezados(as): estamos realizando uma pesquisa de Iniciação Científica na Faculdade de Educação da Universidade de São Paulo, "Percepções sobre Justiça", sob orientação da Profa. Flávia Schilling. Pedimos sua colaboração respondendo a esse questionário. Sua participação é voluntária e as respostas serão usadas para fins de pesquisa, sendo garantido seu anonimato e privacidade. Agradecemos sua participação!

Gabriela Marko/Flávia Schilling (oak1@uol.com.br)

✓ Sexo: ( ) F ( ) M Cargo/Função: _____ Idade: _____

✓ Faça um breve relato sobre uma situação reconhecida por você como justa ou injusta. Diga onde aconteceu, quem esteve envolvido, quais foram as circunstâncias, qual o resultado e explicite se é justa ou injusta.

✓ Faça um breve relato sobre uma situação reconhecida por você como justa ou injusta no ambiente escolar. Diga onde, com quem, circunstâncias, resultado e se é justa ou injusta.

✓ Para cada informação, circule o número que melhor representa, em sua opinião, o grau de relevância da ideia, sendo 1 = irrelevante e 5 = extremamente relevante.

Basear-se estritamente no mérito, premiando os esforços individuais.

1	2	3	4	5

Compensar as desigualdades sociais, dando mais aos que têm menos, a partir de ações afirmativas.

1	2	3	4	5

Garantir a todos os alunos um mínimo de conhecimentos e competências.

Preocupar-se principalmente com a integração de todos os alunos na sociedade e com a utilidade de sua formação.

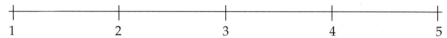

Permitir que cada um desenvolva seus talentos específicos, independentemente de seu desempenho escolar.

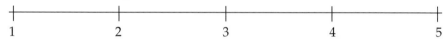

✓ O que seria uma escola justa para você?

Anexo D – O que seria uma escola justa para você?

✓ **A**

"Sem preconceitos, onde todos tivessem os mesmos direitos e deveres";

"Respeito e comprometimento";

"Sem desigualdade, direitos respeitados";

"Compreensão do aluno, perguntando a ele o que ele quer que melhore naquele ambiente";

"Professores, alunos e funcionários dessem valor uns para os outros";

"Igualdade e respeito entre todos";

"Em que cada aluno fosse analisado individualmente. Que cada estudante fosse respeitado por suas dificuldades e ajudado";

"Todos os alunos com direitos e deveres iguais sem exceções";

"Concordância entre alunos e professores";

"Igualdade para todos";

"Que todo mundo estuda";

"Onde todos possam expor suas ideias e pensamentos, dizendo o que pensa";

"Que todos são tratados da mesma maneira. O que vale para qualquer pessoa";

"Escola justa seria as mesmas regras para todas as pessoas";

"Onde dá valor ao que tem e respeita e valoriza cada pessoa que está ali onde também a estrutura da escola seja boa";

"Sem violência";

"Uma escola onde todos tenham os direitos de resposta";

"Uma escola onde os direitos são iguais, onde a palavra de professores e alunos tenham o mesmo peso";

"Com professores mais educados e que aceite as opiniões dos alunos, de mais respeito não só de alunos como professores";

"Teria alunos que não teriam medo de assumir o seu erro e falar que foi ele que fez aquilo e não passar para o colega do lado ou o mais bobão da sala";

"Com a colaboração de todos, todos unidos";

"Ouvir as versões diferentes das pessoas";

"Uns respeitando os outros. Porque se envolver respeito, tudo muda, e quem faz a escola é o aluno";

"Saber dos fatos antes de aplicar punição. Tratar as coisas igualmente e educadamente";

"Com professores bons, alunos que respeitam é uma escola decente";

"Para mim uma escola justa não seria nada, porque tem muitos alunos que não ligam para as aulas".

✓ B

"Direitos iguais para todos";

"O [nome da escola] é um dos exemplos: uma das melhores escolas da região";

"É onde nós teríamos os mesmo ensinamentos, perante outras escolas particulares, desde lições, materiais para os professores trabalharem, ambiente, resumindo se é escola, independente de tudo deveria ser igual 'por dentro'";

"Seria os alunos não fazer barulho, respeita o professor a escola sempre está limpa receber os alunos de todas as turmas";

"Direitos para todos";

"Todos com direitos iguais na escola";

"Uma escola com direitos iguais";

"Uma escola que aceite o aluno de qualquer forma independentemente de sua raça, classe social etc.";

"O compromisso de professores e alunos. Não ter tantas aulas eventual como estamos tendo";

"Onde todos pudessem ter os mesmos direitos independente de classe social";

"Seria onde os alunos e professores soubessem se respeitar";

"Com oportunidades para todos de formas iguais";

"Uma escola que respeite o aluno";

"Manter sempre limpa e disciplinada";

"Uma escola que trata todos os alunos iguais e que tenha uma boa direção";

"Justo é termos aula todos os dias";

"É a que eu estou estudando";

"É o exemplo da escola Paulino";

"Onde tivesse harmonia e companherismo e dedicação um para com outros tanto o aluno como educadores";

"Uma escola limpa, organizada e uma coordenação que age na hora certa e sempre tenta ajudar os alunos que estão com dificuldade de aprender sempre estar orientando os alunos para não riscar as carteiras";

"A escola justa é aquela que você pode contar sempre com a direção e a colaboração de professores e procura ter sua compreensão também. Luta para a escola fica sempre melhor";

"Todos sermos tratados por igualdade";

"Os direitos iguais para todos";

"Seria uma escola onde os alunos respeitassem os funcionários, os profissionais que lhes dão o ensino escolar, sem bagunça, sem pixação, sem violência etc.".

✓ C

"A que corresponde com a possibilidade cidadã de todos envolvidos respeitando o trabalho de todos";

EDUCAÇÃO E DIREITOS HUMANOS

"Escola não permissiva, escola com sistema seriado que dê acesso aos alunos a informações tecnológicas, reconhecimento do magistério, condições para os professores passarem aos alunos o conhecimento necessário para sua formação";

"Com valorização de quem faz da escola um espaço de boa vida no presente para um melhor futuro (analisando todos de várias formas e não por simples prova)";

"Professores e funcionários valorizados e respeitados. Alunos respeitados";

"Para ser diretor teria que ter formação em administração de empresas, para depois ter administração escolar. Cuidar de tudo como se fosse seu. Ter poder para poder valorizar o seu subordinado, sem o aval do governo. Priorizar os que realmente tem talento e vontade de trabalhar. Com certeza, tudo seria melhor";

"Uma escola justa é aquela em que professores e alunos têm direitos e deveres e cumprem esses direitos e deveres";

"A escola justa é aquela em que só deveriam estar na escola, aquele aluno que quer aprender. Os alunos que não querem nada apenas atrapalham os alunos que querem aprender";

"Uma escola com estrutura para atender as necessidades individuais dos alunos, onde permita que todos consigam desenvolver suas competências";

"Eu gostaria que houvesse mais respeito humano a todos que trabalham numa escola, desde o pessoal da limpeza á diretoria da escola, também humildade das pessoas";

"Uma escola que promova o compromisso, responsabilidade e deveres compartilhados por todos os membros";

"A escola que todos participam";

"Uma escola inclusiva, porém que todos possam participar";

"Inclusiva;"

"Uma escola que possa ajudar a formar bons cidadãos para que os mesmos possam ter o gozo dos direitos civis específicos";

"Uma escola que tenha como objetivo formar bons cidadãos";

"Uma escola que desenvolva a inclusão social entre todos";

"Que todos pudessem [...] ter os mesmos tipos de estudos, como curso particular";

"O fim da progressão continuada; promoção por mérito; acesso à inclusão digital, material didático, material escolar; direito a processo de recuperação (contínua/paralela); valorização dos professores através de cursos de aperfeiçoamento e salários dignos; famílias dos alunos sendo cobrados pelo rendimento, assiduidade e comportamento";

"Lugar respeitados pelos profissionais e governantes. Onde os alunos e profissionais sejam apoiados e valorizados";

"Escola democrática que valorize os alunos, professores e funcionários";

"Uma escola que cria oportunidades para o desenvolvimento de ações inovadoras que respeite as diferenças, que saiba ouvir e reflete";

"Uma escola organizada horizontalmente com mais espaço aos educadores [...] nas tomadas de decisão na escola".

LEIA TAMBÉM

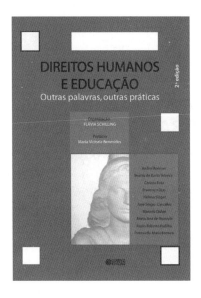

▶ **DIREITOS HUMANOS
E EDUCAÇÃO
Outras palavras,
outras práticas**

Flávia Schilling (Org.)

2ª edição (2011)
272 páginas
ISBN 978-85-249-1782-0

Este livro traz reflexões sobre temas vinculados aos direitos humanos e à educação como um direito humano. Foi construído com a contribuição de múltiplos olhares: da sociologia, da história, da filosofia, da ciência política, do direito, da pedagogia. Traz, ao lado da reflexão teórica sobre o tema, uma série de experiências que, agrupadas sob a denominação geral de "educação em direitos humanos", comportam, também, uma perspectiva multidisciplinar e interinstitucional, e, a partir da formação de redes, promovem ações que visam à construção de uma cidadania democrática.

LEIA TAMBÉM

▶ **DIREITOS HUMANOS, DEMOCRACIA E DESENVOLVIMENTO**

Boaventura de Sousa Santos
Marilena Chaui

1ª edição/1ª reimpressão (2014)
136 páginas
ISBN 978-85-249-2137-7

Este livro teve origem na concessão do grau de Doutor Honoris Causa ao Professor Boaventura de Sousa Santos pela Universidade de Brasília em 29 de outubro de 2012. A saudação, que ficou a cargo da Professora Marilena Chaui, salienta que "a obra inovadora de Boaventura de Sousa Santos abre perspectivas e horizontes inéditos para a compreensão de nosso presente". O texto de Boaventura de Sousa Santos é a versão revista e muito ampliada da sua palestra de aceitação do grau. Nele são analisados os dilemas com que hoje se enfrentam os direitos humanos na sua relação com a democracia e as políticas de desenvolvimento que constituem a pauta dominante do mundo em que vivemos. O livro conta ainda com o Prefácio do Professor José Geraldo Sousa Junior, ao tempo Reitor da Universidade de Brasília (2008-2012), que presidiu a cerimônia de outorga do título.

LEIA TAMBÉM

▶ **O QUE É UMA ESCOLA JUSTA?**
A escola das oportunidades

François Dubet

1ª edição/1ª reimpressão (2013)
120 páginas
ISBN 978-85-249-1374-7

O que é uma escola justa? É uma escola que distingue o mérito de cada um, independentemente de seu nascimento e de sua origem social. Esta é a resposta mais frequente e talvez a mais decisiva. Mas, na prática, a competição do mérito não impede que as desigualdades sociais comprometam os destinos individuais, nem preserva os que não obtiveram êxito de uma humilhação que é ainda maior quando eles são persuadidos de sua mediocridade. Contudo, na democracia, a justiça se mede primeiramente pelo destino reservado aos mais fracos. Este ensaio se coloca decididamente do lado dos fracassados do sistema. "A escola das oportunidades" exige uma reestruturação da nossa concepção de igualdade. Como tratar melhor os que têm menos? Como fundar uma cultura comum? Como mudar os destinos sociais pelo diploma? Como respeitar a pessoa quando se aprova o aluno? Tantas interrogações exigem coragem e audácia, pois o futuro da escola não pode se prender ao seu passado.